La pluma mágica

Cuentos de América Latina

edited by

Flora Schiminovich
*Barnard College,
Columbia University*

Ilán Stavans
Amherst College

Heinle & Heinle Publishers
A Division of Wadsworth, Inc.
Boston, Massachusetts 02116 U.S.A.

The publication of *La pluma mágica* was directed by the members of the Heinle & Heinle College Spanish and Italian Publishing Team:

Editorial Director: **Carlos Davis**
Production Editor: **Patrice Titterington**
Marketing Development Director: **Marisa Garman**

Also participating in the publication of this program were:

Publisher: **Stanley J. Galek**
Editorial Production Manager: **Elizabeth Holthaus**
Assistant Editor: **Kimberly Etheridge**
Project Manager: **Jan deProsse**
Manufacturing Coordinator: **Jerry Christopher**
Interior Designer: **Margaret Ong-Tsao**
Cover Designer: **Karyl Klopp**

La Pluma mágica: cuentos de América Latina / Edited by Flora
  Schiminovich, Ilán Stavans.
      p.   cm.
    Includes bibliographical references (p. 166).
    Contents: Las amistades efímeras / Rosario Castellanos — La
estampida / Cristina Peri Rossi — Cambio de luces / Julio Cortázar
— La casita de sololoi / Elena Poniatowka — La pianista manca /
Ilán Stavans — Una venganza / Isabel Allende — El ahogado más
hermosa del mundo / Gabriel García Márquez — La cámara obscura /
Angélica Gorodischer — El Papa Guido Sin Número / Alfredo Bryce
Echenique — Estatuas sepultadas / Antonio Benítez Rojo —
Jorge Luis Borges.
  ISBN 0-8384-5876-9
    1. Spanish Language—Readers—Short stories. Spanish American.
2. Short stories, Spanish American.   3. Spanish American
fiction—20th century.   I. Schiminovich, Flora H.   II. Stavans,
Ilán.
PC4117.P65   1994
468.6'421—dc20   94-546
                                                        CIP

Manufactured in the United States of America
ISBN 0-8384-5876-9

Heinle & Heinle Publishers is a division of Wadsworth, Inc.
10 9 8 7 6 5 4 3 2 1

Contents

Introduction

A storm of butterflies descending on a coastal town, a beautiful woman ascending to heaven, an angry person eating earth—these are some of the best-known exotic mixtures of magic, sex, and political upheaval in recent Latin American fiction. Novels and short stories from the region have become a window through which readers in Europe and the United States can attempt to understand, at least partially and from a subjective viewpoint, the distinguishing characteristics of the cultures of Latin America. Since 1967, when Colombian writer Gabriel García Márquez published *Cien años de soledad,* the style commonly known as "magic realism" has practically overwhelmed audiences worldwide. Its name derives from the German artist Franz Roh who used it in 1925 to group German expressionist artists and it is linked to Cuban musicologist and writer Alejo Carpentier's description of *lo real maravilloso,* who after a trip to Haiti in the early forties gave a clear indication of its components. With a flamboyant combination of colorful scenes and events that defy both logic and the patterns of nature, the works of the Magic Realist movement hoped to describe Latin America as a field where dreams and daily routine are labyrinthically interwoven, where the spiritual world has a direct impact on things material.

Although the novel in the Hispanic world has numerous practitioners and has become one of the major tools for understanding arts, politics, and society in such nations as Argentina, Peru, and Mexico, the truth is that the short story best embodies the region's aesthetic and ideological search for identity. Short story in Spanish is *cuento*—from the verb *contar,* to count or recount. Its compact, almost mathematical structure, when mastered, can leave a very deep impression in the reader. Not surprisingly, Guy de Maupassant once said that "the short story has the length of a sigh and the impact of a high-caliber gun." Throughout the years, audiences and critics have recognized a number of writers from across the border as true masters of the genre. Among them are Jorge Luis Borges, Julio Cortázar, and García Márquez himself. Readers in Europe and the United States unacquainted with the short fiction genre have simply been left out of a delicious banquet, a feast where, in a couple of thousand words, a writer builds a complex and unforgettably unique universe.

It is fairly easy to date the origins of the genre in the southern hemisphere. In 1839, Esteban Echeverría, a liberal intellectual who had spent time in France and was an active opponent of the dictatorial Rosas regime, wrote "El matadero." The story, published posthumously some thirty years later, is about a slaughterhouse in Buenos Aires in which the Unitarians loyal to the government assassinate an anti-Rosas civilian during a period of repression. Critics consider it one of the first entries in a list that has become practically endless. It was followed by the literary art of Ricardo Palma, José Martí, Rubén Darío, Amado Nervo, and Horacio Quiroga. This last, an Uruguayan heavily influenced by Edgar Allan Poe, wrote tales of death, revenge, and horror set in the Amazon jungle. Some eighty years later, Juan Rulfo, Rosario Castellanos, Isabel Allende (the last two included in **La pluma mágica**), and many others have continued a tradition that has as its most memorable examples Augusto Monterroso's "El eclipse," García Márquez's "El ahogado más hermoso del mundo," Rulfo's "Luvina," Enrique Anderson Imbert's "La conferencia que no di," Cortázar's "Axolotl," and Borges' "Las ruinas circulares."

No doubt one of the most outstanding contributions of the Latin American short story is the mixing of genres. Quite often an author, inspired by a drive to experiment and deconstruct, will shape a tale, regardless of its theme, as if it were essentially an essay or a poem. Borges, perhaps the most revered of all Hispanic short story writers and the one who closes this anthology, comes first to mind. His books *Ficciones* and *El Aleph* include brief narratives that are peerless examples of precision and craftmanship. These tales, at least superficially, appear to be critical essays where the narrator introduces an idea by quoting a celebrated philosopher and then discusses the impact of such an idea on a character or frame of events. Cortázar, the Argentinian author of *Rayuela* and other novels, represented here by his story "Cambio de luces," was also fond of mixing genres. His stories in *Final de juego* and *Queremos tanto a Glenda* are wonderful displays of wisdom and humor in which the short story loses its shape by introducing elements that undo the plot and destroy the Aristotelian unities of time and space.

Another trademark of the Latin American short story is *lo fantástico*. In these imaginative, fabulous fictions, suprising and unforseen, though not necessarily horrendous events intertwine with daily routine. Kafka and Lewis Carroll are of course masters of the genre, but there is little doubt that writers from the Hispanic world have renewed it by injecting regional elements like black magic, dream sequences, and prophetic scenes. As the reader will soon see, the stories in **La pluma mágica** are vivid examples of genre mixing and a passion for *lo fantástico,* a showcase of the aesthetic styles and psychological obsessions at the heart of Latin America.

Most Latin American writers are politically committed but also aware that there is more to a fictional work than political pronouncements. Conscious of complexity and diversity, the authors have made politics and social problems just one component of a varied and intricate field of reference.

Talented women like Isabel Allende, Cristina Peri Rossi, Silvina Ocampo, Luisa Valenzuela, and Elena Poniatowska have, at least in the past decades, produced a major portion of Latin American letters. (Three of these women are part of our anthology.) With wit and a clear-cut political stand, they are ready to use literature as a platform to openly discuss gender and eroticism in the Hispanic world, a region known for its machismo and sexual taboos. The Uruguayan writer Cristina Peri Rossi has advanced the position that neither writing nor reading can be blatantly or abstractly marked "feminine" or "feminist," yet readers must often think in terms of a male or female author in the construction of texts. The selection of female authors chosen for this anthology reflects the search for a Latin American female identity. Students should learn to study relationships between writers, their influence and originality. They should also learn to recognize each writer's vision and conception of literature and consider gender as an important factor in their interpretation of the short stories included here. After centuries of silence, these new female voices are finally stamping their signature on the world scene with tales that have a distinctive power and a perspective otherwise ignored.

We often think of Latin America as a society at once religiously homogeneous and ethnically unified, but, much like the melting pot of the United States, the countries south of the Rio Grande are a composite of faiths and racial backgrounds, a sum of many parts. The term *mestizo* itself already denotes a mixture, a divided reality, a hybrid —part Spanish, part native. Consequently, other so-called marginal themes and speakers are also beginning to emerge in the region's literature. Although women still carry the leading torch in this new trend, equally important are minority voices from Indian and immigrant backgrounds, such as those coming from Jewish and Japanese authors born in Latin America, as well as from gays and lesbians, and other groups.

In compiling this volume, we have tried to represent at least two generations: writers like Borges, García Márquez, Castellanos, Cortázar, Allende, and Poniatowska, who have consolidated their worldwide reputation; and another lesser-known group made up of promising talents, including Angélica Gorodischer and Alfredo Bryce Echenique, who will no doubt enjoy a future comparable to that of their precursors. As is evident from the brief biographical headnotes accompanying each of the twelve stories, the difference in age between the first and second group is often minimal; what in fact matters is when the writers began writing, where they come from, and what kind of literature they produce. Overall, our intention in shaping **La pluma mágica** was to present a fair and balanced selection of classic and new stories from Latin America, a window through which the reader can grasp the Hispanic psyche and its circumstances. We have tried to be balanced in terms of nationality: the stories represent seven countries.

All the works we present in this anthology can be read at different levels: they are both complex and easy and certainly capable of a wide appeal. Most of the stories present a successful balance between sophistication and accessibility. If Borges' narrative attempts to reveal the gap that separates our intellectual aspirations from our intellectual limitations, other writers like Elena Poniatowska or Antonio Benítez Rojo use fantasy as an escape from a rather grim reality. Some Latin American authors included here use fantasy to indulge in a comic mode where humor generally serves as an exercise in liberation from a given environment. Bryce Echenique's story reflects this tendency. Other writers bring fantasy almost imperceptibly to a perfectly normal situation in order to shake the reader's expectations. While the language level of these texts is accessible to intermediate students of Spanish, our criteria have been to offer a list of texts that are not too difficult, and, at the same time, form a collection of remarkable pieces that will leave an imprint in the student's mind for years to come.

How to Use this Book

A word about the volume's structure and organization: we introduce each writer with a short biography, accompanied by a list of critical works analyzing his or her work. The stories are followed by a list of expressions and reading exercises which are divided into two parts: *Preguntas,* made up of questions that will carefully guide the student through the text; and *Para comentar y escribir,* made up of broad themes related to the story's content for writing compositions and for discussion in the classroom. Finally, at the end of the book a glossary of useful literary terms and a vocabulary translating difficult expressions and words are included as tools to unlock textual mysteries.

The stories appear in the order of their relative linguistic and conceptual difficulty. Students may enjoy the selections more if they review the questions before beginning to read. The questions show the action and basic structure of each story, stress some of its themes, and introduce its characters. After reading the selection, students should go over the questions again.

The short list of idiomatic expressions at the end of each story is intended as an aid in discussion and composition since the notes to the original texts explain most difficult idioms.

General Bibliography

Bonfil Batalla, Guillermo. *Identidad y pluralismo cultural en América Latina.* Puerto Rico: Universidad de Puerto Rico, 1993.
Campra, Rosalba. *América Latina: La identidad y la máscara.* Mexico: Siglo XXI, 1987.
Foster, David W. *Studies in the Contemporary Spanish American Short Story.* Columbia: Missouri University Press, 1979.
González Echeverría, Roberto. *The Voice of the Masters: Writing and Authority in Modern Latin American Literature.* Austin: University of Texas Press, 1986.
_____. *Myth and Archive: A Theory of Latin American Narrative.* Cambridge: Cambridge University Press, 1990.
MacAdam, Alfred J. *Modern Latin American Narratives: The Dreams of Reason.* Chicago: University of Chicago Press, 1977.
_____. *Textual Confrontations: Comparative Readings in Latin American Literature.* Chicago: The University of Chicago Press, 1987.

MacAdam, Alfred J. and Schiminovich, Flora. "Latin American Literature in the Postmodern Era," in Stanley Trachtenberg, ed. *The Postmodern Moment.* Connecticut: Greenwood Press, 1985.

Magnarelli, Sharon. *The Lost Rib. Female Characters in the Spanish American Novel.* London and Toronto: Bucknell University Press, 1985.

Martin, Gerald. *Journeys Through the Labyrinth: Latin American Fiction in the Twentieth Century.* London and New York: Verso, 1989.

Menton, Seymour. *El cuento hispanoamericano.* Mexico: Fondo de Cultura Económica, 1974.

Meyer, Doris. *Lives on the Line: The Testimony of Contemporary Latin American Authors.* Berkeley: University of California Press, 1988.

Ortega, Julio. *Poetics of Change. The New Spanish American Narrative.* Austin: University of Texas Press, 1984.

Rama, Angel. *Transculturación narrativa en América Latina.* Mexico: Siglo XXI, 1982.

Rosario Castellanos

M É X I C O

Born in Mexico City in 1925, Rosario Castellanos was a poet, novelist, and short-story writer who studied in her native country and in Madrid. She was the daughter of a wealthy rancher from the region of Chiapas on the Mexican border with Guatemala. The region is still populated by communities that descend from the Mayas, also called Tzotzil, and the conflict between these Indian bastions and the ranchers is the topic of her most famous novel, *Oficio de tinieblas* (1962), as well as of her autobiographical narrative, *Balún-Canán* (1957). Castellanos left her home town, Comitán, to enter the Universidad Nacional Autónoma de México, where she studied philosophy and literature. She joined the group of young writers later known as the *Generación del '50* and became a frequent contributor to newspapers and magazines like *Novedades, ¡Siempre!* and *Excélsior.* During the sixties, she resided sporadically in the United States, where she was visiting writer at the Universities of Wisconsin, Indiana, and Colorado. *Album de familia* (1971), *Mujer que sabe latín* (1973) and *Poesía no eres tú* (1972), marked by a sharp feminist tone, appeared on her return home. Though always part of the Mexican intelligentsia, Castellanos became a speaker for women's rights and ran into trouble with writers and artists that supported the status quo. In her essays, collected in *Juicios sumarios* (1966), she repudiated the treatment of women in the Hispanic world. The topic returned in her experimental play *El eterno femenino* (1975), written at the end of her life. The influence of Rosario Castellanos' work on twentieth-century Mexican feminism has been remarkable. A close friend of the Jewish community in Mexico, she died in Israel, where she was serving as ambassador, in 1974. "Las amistades efímeras" is part of *Los convidados de agosto* (1964). In this story, Castellanos talks about female bonds while denouncing women's oppression. She exposes the sexism intrinsic in the Mexican cultural tradition and advocates the idea that women need to challenge the distorting stereotypes of conventional femininity. The author's idealism contrasts with the pessimism of her story, which shows how hard it is for women to confront oppression. The friendship between the two women characters offers one of them a second chance at living her own life and invites the other to think about the connections between life and literature.

Criticism

Ahern, Maureen, and Seale Vásquez, Mary, eds. *Homenaje a Rosario Castellanos.* Valencia: Albatros Hispanófila Ediciones, 1980.

Alarcón, Norma. *Ninfomanía: El discurso feminista en la obra poética de Rosario Castellanos.* Madrid: Pliegos, 1992.

Anderson, Helene, "Rosario Castellanos and the Structure of Power," in Doris Meyer and Margarite Fernández Olmos, eds. *Contemporary Women Authors of Latin America,* vol. 1. Brooklyn: Brooklyn College Press, 1983.

Fiscal, María Rosa. *La imagen de la mujer en la narrativa de Rosario Castellanos.* Mexico: Cuadernos del Centro de Estudios Literarios— Universidad Nacional Autónoma de México, 1980.

Geldrich-Leffman, Hanna. "Marriage in the Short Stories of Rosario Castellanos," *Chasqui* 21, 1 (May 1992): 27–38.

Megged, Nahum. *Rosario Castellanos: Un largo camino a la ironía.* Mexico: Colegio de México-Centro de Estudios Lingüísticos y Literarios, 1984.

Miller, Beth. *Rosario Castellanos: Una conciencia feminista en México.* Chiapas: Universidad Autónoma de Chiapas, 1983.

Ventura Sandoval, Juan. *Ficción y realidad: Las mujeres en la narrativa de Rosario Castellanos.* Tlaxcala, Mex.: Universidad Autónoma de Tlaxcala, 1987.

Las amistades efímeras

...aquí sólo venimos a conocernos,
sólo estamos de paso en la tierra.

POEMA NAHUATL ANÓNIMO

La mejor amiga de mi adolescencia era casi muda,[1] lo que
hizo posible nuestra intimidad. Porque yo estaba poseída
por una especie de frenesí que me obligaba a hablar incesan-
temente, a hacer confidencias y proyectos, a definir mis estados de ánimo, a interpretar mis sueños y recuerdos. No tenía
la menor idea de lo que era ni de lo que iba a ser y me urgía°   *was eager*
organizarme y formularme, antes que con actos, por medio
de las palabras.

Gertrudis escuchaba, con sus grandes ojos atentos mien-
10 tras maquinaba° la manera como burlaría la vigilancia de las   *plotted*
monjas del Colegio para entrevistarse con Oscar.

El noviazgo —apacible, tranquilo— presentaba todos los
síntomas de que desembocaría en casamiento. Oscar era for-
mal, respetuoso y llevaba unos cursos de electricidad por
correspondencia. Gertrudis era juiciosa° y su temprana orfan-   *sensible*
dad le puso entre las manos la rienda de su casa[2] y el cuidado
de sus hermanos menores, con lo que se adiestró en los
menesteres femeninos. Por lo demás nunca alarmó a nadie
con la más mínima disposición para el estudio. Su estancia en
20 el colegio obedecía a otros motivos. Su padre don Estanislao
Córdova, viudo en la plenitud de la edad, llevaba una vida que
no era conveniente que presenciaran sus hijos.

Para no escandalizar tampoco a los comitecos,° se tras-   *from Comitán*
ladó a la tierra caliente,[3] donde era dueño de propiedades.
En aquel clima malsano regenteaba fincas ganaderas[4] y
atendía la tienda mejor surtida del pueblo de La Concordia
y sus alrededores.

Necesitaba mujer que lo asistiera y tuvo una querida y
otra y otra, sin que ninguna le acomodara. Las despachó

---

1. *lit.*, almost mute; *fig.*, almost never spoke
2. the management of her household
3. the hot country, a region in the Mexican provinces
4. In that unwholesome climate, he ran some cattle ranches

headaches

bickering

little lapdog
in charge of which

mule driver

clenched

misfortune
the right
brandy

corpse

diminished

sucesivamente, con los mejores modos y espléndidos rega- 30
los. Hasta que decidió dejar los quebraderos de cabeza° y
casarse de nuevo. Alrededor de la mujer legítima era posible
reunir a su familia disgregada.

Cuando Gertrudis supo la noticia, me encargó que le
compusiera unos versos tristes, de despedida para Oscar. No
muy tristes porque la ausencia sería breve. Él estaba a punto
de terminar los cursos e inmediatamente después abriría su
taller. En cuanto empezara a rendirle ganancias, se casarían.

¡Qué lentamente transcurre el tiempo cuando se espera!
Y a Gertrudis la impacientaban, además, las disputas con su 40
madrastra, los pleitos° de sus hermanos. La única compañía
era la Picha, la menor de aquella casa, que la seguía como un
perrito faldero.° A la huerta, para vigilar que estuviese asea-
da; al establo para recoger la leche; a la tienda, a cuyo frente°
la había puesto su padre.

La clientela era variada. Desde el arriero,° que requería
bultos de sal, de piezas de manta,[1] hasta el indio que medita-
ba horas enteras antes de decidirse a adquirir un paliacate de
yerbiya o un machete nuevo.

También se servían licores y Gertrudis gritó la primera vez 50
que un parroquiano cayó redondo al suelo,[2] con la copa vacía
entre los dedos crispados.° Ninguno de los asistentes se inmutó.
Las autoridades llegaron con su parsimonia habitual, redactaron
el acta y sometieron a interrogatorio a los testigos. Gertrudis se
aplacó al saber que un percance° así era común. Si se trataba de
una venganza privada nadie tenía derecho° a intervenir. Si era
efecto del aguardiente° fabricado por el monopolio (que acelera-
ba la fermentación con el empleo de sustancias químicas cuya
toxicidad no se tomaba en cuenta), no había a quien quejarse.

Gertrudis comenzó a aburrirse desde el momento en que 60
levantaron el cadáver.° Los siguientes ya no podían sobresal-
tarla. Por lo demás, las cartas de Oscar estaban copiadas, al
pie de la letra,[3] del *Epistolario de los enamorados*,[4] del que
ella poseía también un ejemplar. Si por un lado le proporcio-
naba la ventaja de poder contestarlas con exactitud, le resta-
ba° expectación ya que era capaz de preverlas.

---

1. sacks of salt made out of blanket fabric
2. a customer fell dead on the floor
3. word for word
4. *Love letters*; a book with examples of different love letters

Del taller° ni una palabra; de la fecha de la boda, menos.   workshop
No resultaba fácil intercalar temas semejantes entre tantos
suspiros° y lágrimas de nostalgia.   Era yo quien la mantenía al   sighs
70 tanto de los acontecimientos.   Oscar había empezado a que-
brantar su luto.°   Con la antigua palomilla° jugaba billar, iba a   mourning / gang
la vespertina° los domingos y a las serenatas los martes y jue-   late show
ves.   Permanecía fiel.   No se le había visto acompañando a
ninguna muchacha, ni siquiera por quitarle el mal tercio[1] a sus
amigos.   Asistía a los bailes, y otras diversiones, con un aire de
tristeza muy apropiado y decente.   Pero se rumoraba que no
estaba invirtiendo sus ahorros, como era de esperarse, en los
materiales para montar el taller, sino en los preparativos de un
viaje a México, cuyas causas no parecían claras.
80 Me gustaba escribir estas cartas: ir dibujando la figura
imprecisa de Oscar, la ambigüedad de su carácter, de sus sentimientos, de sus intenciones.   Fue gracias a ellas —y a mi
falta de auditorio— que descubrí mi vocación.

Gertrudis se abanicaba con el papel y no cambiaba de
postura en la hamaca.   El calor la anonadaba,° despojándola   overwhelmed her
del ímpetu para sufrir, para rebelarse.   Oscar... ¡qué extraño
le parecía de pronto, este nombre!   ¡Qué difícil de ubicar en
una casa llena de mercancías, de recuas,° de perros sarno-   multitude of things
sos°!   ¿Quién recuerda el tono con que se pronuncia la ternu-   mangy dogs
90 ra si no se oyen más que los gruñidos de la madrastra,[2] las
imprecaciones del padre, el parloteo° de la servidumbre y las   chatter
órdenes de la clientela?   Gertrudis misma era otra y no la que
vivió en Comitán.   En el colegio su futuro tenía un aspecto
previsible.   "Un lugar para cada cosa y cada cosa en su lugar."[3]   Tal era el lema° de las clases de economía doméstica.   motto
Pero aquí no encontraba estabilidad alguna ni fijeza.   Los
objetos, provisionales siempre, se colocaban al azar.°   Las   at random
personas estaban dispuestas a irse.   Las relaciones eran frági-
les.   A nadie le importaba, en este bochorno,° lo que los   in this heat
100 demás hicieran.   Las consecuencias de los actos se asumían
a voluntad.   Un juramento, una promesa, carecían de significación.   Oscar, el tierrafriano,° ya no reconocería a su no-   from colder lands
via.   ¡Novia!   ¡Qué término tan melindroso° y tan hipócrita!   finicky

---

1. *lit.,* bad third; *fig.,* not even to help his friends by escorting "the odd girl"
2. the stepmother's grunts
3. A place for everything and everything in its place.

Gertrudis reía, encaminándose al baño. Porque en La Concordia se bañaba entera, con el cuerpo desnudo, no se restregaba° los párpados con la punta de los dedos mojados en agua tibia, procurando no salpicarse° el resto de la cara, como en Comitán.

rubbed
splash

Gertrudis me aseguraba, en sus recados escritos a lápiz sobre cualquier papel de envoltura,° que no tenía tiempo de 110 contestar mis cartas más extensamente. Sus quehaceres... en realidad era perezosa. Se pasaba las horas muertas ante el mostrador de la tienda, entretenida en contemplar cómo el enjambre de moscas se atontaba sobre las charolas de dulces.° Y si algún inoportuno venía a interrumpirla solicitando una insignificancia, lo fulminaba con los ojos, al tiempo que decía bruscamente: no hay.

wrapping paper

candy trays

disturbed

Un mediodía turbó° su somnolencia el galope de un caballo. Su jinete desmontó sudoroso y tenso y entró a la tienda pidiendo una cerveza. Tenía la voz tan reseca de sed, 120 que Gertrudis tuvo que servirle tres botellas antes de que estuviera en condiciones de hablar. Lo hizo entonces y no se refirió a sí mismo.

—Se ha de aburrir mucho —comentó observando a Gertrudis.

Ella alzó los hombros con indiferencia. ¿Qué más daba?[1]

—¿Nunca ha pensado en irse?

—¿Adónde?

—A cualquier parte.

Gertrudis se inclinó hacia él y dijo en voz baja: 130

—No me gusta regresar.

El hombre hizo un gesto de asentimiento y pidió otra cerveza. Parecía estar meditando en algo. Por fin, propuso:

—¿Y si nos fuéramos juntos?

Gertrudis echó una mirada rápida a la calle.

—No trae usted más que un caballo.

—¿Sabe montar en ancas[2]?

—En la caballeriza hay algunas bestias descansadas. Sería cuestión de que me ensillaran° una.

saddled

El hombre asintió. Estando solucionado el problema no 140 entendía por qué esta mujer se quedaba como de palo, sin moverse. Pero Gertrudis pensaba en los detalles.

---

1. What did it matter?
2. to ride on the croup, i.e., behind someone else

—Tengo que juntar mi ropa.

—No es bueno ir muy cargado.

—Tiene usted razón.

Gertrudis le sirvió otra cerveza al hombre, antes de desaparecer en el interior de la casa.

Al tayacán° le dijo que iba a bañarse al río, pero que esta-   *attendant*
ba muy cansada para andar a pie. Cuando trajinaba en su
150 cuarto, haciendo el equipaje, entró la Picha. A pesar de su
inoportunidad fue bien recibida.

—¿Adónde vas?

—Al río.

—Llévame.

—Bueno.

Gertrudis había contestado automáticamente. ¿Qué opinaría el hombre? Después de todo si no estaba de acuerdo podía
irse solo. Pero ¿y ella? Se apresuró a regresar a la tienda, con
un envoltorio bajo el brazo y la Picha agarrada de sus faldas.
160 —¿Quién es la patoja°?   *the clinging girl*

—Mi hermanita. Está muy hallada conmigo.[1] No la puedo dejar.

—¿Aguantará el trote?[2]

—A saber.°   *We'll see.*

—¿Cuánto se debe?

Gertrudis contó con celeridad° los cascos° de cerveza   *quickly / bottles*
vacíos.

—Veinte pesos.

El hombre puso el dinero sobre el mostrador.
170 —No conviene que nos vean salir juntos. La espero en la
Poza de las Iguanas.

Gertrudis asintió. Cuando quedaron solas la Picha y ella
se puso a llenar un morral° con latas de sardinas y de galletas   *saddlebag*
y su portamonedas° con el producto de las ventas del día.   *purse*

El tayacán asomó la cabeza.

—Está lista su montura, niña.

—Quédate aquí, despachando° mientras regreso.   *attending the customers*

Gertrudis montó a mujeriegas° llevando bien abrazada a   *sidesaddle*
la Picha. Nadie las vio salir por la puerta del corral. Unos
180 minutos después habían llegado al lugar de la cita. El hombre escogió el camino y ellas lo siguieron.

---

1. She is very attached to me.
2. Can she stand the ride?

settlement

place to stay

Iban de prisa, de prisa. Al anochecer llegaron a un caserío.°

—Voy a buscar posada° —dijo el hombre.

Gertrudis desmontó, con cuidado de no despertar a la Picha. ¿Dónde ponerla? Tenía los brazos adoloridos de su carga.

Había un clarito en el monte y la acostó allí.

ticks

—Ojalá que no se llene de garrapatas.°

Libre del estorbo de la niña se aplicó a abrir una de las latas. Tenía hambre. Estaba limpiándose el aceite que le escurrió por las manos, cuando el hombre regresó. 190

—Hay un lugar donde pasaremos la noche. Vamos.

La distancia era tan pequeña que podía caminarse a pie. Así lo hicieron, jalando los cabestros de las cabalgaduras.[1] El

volunteered

hombre se acomidió° a llevar a la Picha.

Los dueños de la casa habían salido al corredor con un

oil lamp

mechero° de petróleo y les indicaron el camino con frases amables. En la cocina les dieron una taza de café y luego los llevaron al cuarto.

Las dimensiones eran reducidas, el piso de tierra y por 200

cot, small bed / tied

todo mobiliario un catre° y una hamaca. Allí, amarrada° para que no se cayera, colocaron a la Picha. En el catre se acostaron los dos.

Gertrudis no pensó en Oscar ni una sola vez. Ni siquiera

making love to her

pensaba en el desconocido que estaba poseyéndola° y al que se abandonó sin resistencia y sin entusiasmo, sin sensualidad y sin remordimientos.

—¿No tienes miedo de que te haga yo un hijo[2]?

Gertrudis negó con la cabeza. ¡Un hijo era algo tan remoto! 210

Casi al amanecer quedaron dormidos. Y los despertó el

yelping

latir° furioso de los perros, el escándalo de una cuadrilla de hombres a caballo, las alarmadas exclamaciones de los dueños de la casa.

El hombre se vistió inmediatamente. Estaba pálido. Gertrudis creía estar soñando hasta que tuvo frente a sí a su padre, que la sacudía violentamente por los hombros.

—¡Desgraciada! ¡Tenías que salir con tu domingo siete[3]! ¿Qué te hacía falta conmigo? ¿No me lo podías pedir?

---

1. pulling the horses by their halters.
2. I'll get you pregnant
3. *lit.,* seven Sunday; *fig.,* you had your own will.

220   Descargó un bofetón° sobre la mejilla indefensa de Ger-   *slap*
trudis. Ella ahogó el gemido[1] para no despertar a la Picha.

Don Estanislao se había vuelto hacia la puerta para instar
a sus acompañantes a que irrumpieran en la habitación.

—Aquí tienen al que buscaban —dijo señalando al hombre—. Yo lo conozco bien. Se llama Juan Bautista González.

El hombre inclinó la cabeza. Era inútil negar.

—A ver, licenciadito, no se me apendeje.° Lea la lista de   *do not chicken out*
las acusaciones.

El aludido se adelantó a los del grupo, requirió unas gafas
230 y carraspeó° con insistencia antes de empezar a leer.   *cleared his throat*

—...por atentado a las vías generales de comunicación.

Gertrudis quiso averiguar.

—¿Qué es eso?

—Que tu alhaja[2] se entretuvo cortando los alambres del
telégrafo.

—En efecto, señorita.

—Señorita —barbotó° don Estanislao, exhibiendo una   *mumbled*
mancha de sangre sobre la sábana—. Cárguele° esto también   *Charge*
en la cuenta.

240   El licenciado iba a consultar un código del que no se des-
prendía, pero don Tunis se lo impidió.

—Déjese de cuentos[3] y apunte.

El licenciado, trémulo y para no equivocarse, fue ponien-
do todas las palabras que se relacionaban con el caso.

—Rapto, estupro, violación...[4]

—Y robo. No se olvide usted de añadir los doscientos
pesos que me faltan en caja ni las conservas que desaparecieron.

—¿Cuál es el castigo? —quiso cerciorarse el hombre. No
250 daba la impresión de estar preocupado. Debía de tener buenas palancas.°   *connections*

—Pues, según la ley...

—Usted me hace favor de callarse, licenciado. El castigo
es que te pudrirás de por vida en la cárcel.[5] Y que si con
mañas° logras salir de allí, yo te venadeo° en la primera esquina.   *tricks / I'll capture you*

---

1. refrained from crying
2. *lit.,* jewel; *fig.,* the "prize" you caught
3. Stop the nonsense
4. Abduction, sexual relations under false pretenses, rape
5. you will rot in jail the rest of your life

—Enterado, gracias —dijo el hombre sin perder la compostura.

—La pena sería menor —sugirió tímidamente el licenciado —si el reo° diera satisfacción de alguno de los daños. La devolución del dinero, por ejemplo.   260

the accused

Gertrudis tanteó° debajo de su almohada y luego hizo entrega del portamonedas a su padre.

felt

—Cuéntelo. Está cabal.°

It is all there.

El éxito de su insinuación dio ánimos al licenciado.

—También podría resarcir la honra de la señorita, casándose con ella.

—¿Cuál señorita? —preguntó el hombre.

—Oígame usted, hijo de tal,° no me va a venir ahora con que a mi hija no la encontró como Dios manda. ¡Aquí hay pruebas, pruebas!   270

son of a gun

Y don Tanis enarbolaba° otra vez la sábana.

held up

—No, no me refería a eso —prosiguió el hombre—. Es que antes de llegar a La Concordia levanté en el camino a otra muchacha.

La Picha despertó llorando. No reconocía el lugar. ¿Dónde estaba? ¿Por qué hacían tanto ruido? Gertrudis se tapó con el vestido y fue a consolarla.

El licenciado se rascó° meditativamente la oreja.

scratched

—¿Recuerda usted el nombre de la perjudicada°?

injured girl

—No tuvimos tiempo de platicar. Usted comprende, 280 como iba yo huido°...

on the run

—Con quien tiene que casarse es con mi hija.

—¿Aunque la otra tenga prioridad? —dijo el licenciado, arrepintiéndose al ver la expresión de don Tanis.

—No me salga con critiqueces.° Usted me los casa ahorita mismo. Gertrudis, ven acá.

excuses

Gertrudis obedeció. Estaba incómoda, porque el vestido con que se cubría se le resbalaba.° Y además el peso de la Picha.

kept slipping

—Deja en alguna parte a esa indizuela.° Y ponte el vesti- 290 do, no seas descarada.

that Indian brat

Cuando sus mandatos fueron cumplidos, don Tanis añadió.

—Ahora los novios se agarran de la mano ¿verdad, lic.?

—Sí, naturalmente, ¿Me permite usted buscar la epístola de Melchor Ocampo[1]? Aquí, en el código.

_____
1. Melchor Ocampo's nuptial legal amendment

—No, nada de requilorios.° Los señores —dijo don Tanis,   *useless ceremonies*
señalando a los vaqueros que se amontonaban en la puerta—
son testigos de que usted declara a éste por marido y mujer.

—Yo quisiera un anillo —suspiró Gertrudis.

300   Se hizo un silencio general. Todos se miraron entre sí.
La dueña de la casa se limpiaba una lágrima con la punta del
delantal.

Don Tanis le alargó el portamonedas.

—Tu dote.

—Gracias, papá.

Los novios se soltaron de las manos, que habían comen-
zado a sudar y ponerse pegajosas.°   *sticky*

—¿No quieren una copita?

La dueña de la casa había traído una charola llena de
310 vasos mediados de comiteco.[1]

Ninguno rehusó. Hasta la Picha dio un trago,° tuvo una   *had a drink*
especie de ahogo y le golpearon la espalda.

—¡Vivan los novios!

Don Tanis llevó aparte a Gertrudis para darle su bendición.

—Siempre creí que contigo iba a empezar a desgranarse
la mazorca.[2] No de esta manera, pero qué se le va a hacer.
¿Sabes? —finalizó rozándole suavemente la nariz con la
punta del fuete°—. Hoy me recordaste a tu madre. Se pare-   *horsewhip*
cen. Sí, se parecen mucho.

320   Gertrudis había oído historias sobre el matrimonio de sus
padres, Don Tanis fue a pedir a la novia, por encargo de un
amigo. Y mientras los mayores° deliberaban, ellos hicieron   *elders*
su agua tibia y se fugaron. ¡Qué revuelo! ¡Qué amenazas!
Pero fueron felices. ¿Por qué ella no iba a serlo?

—Bueno, señores. Ahora cada quien para su casa. Yo
me llevo a la Picha. Ustedes ¿qué rumbo° van a agarrar?   *way*

El licenciado se asfixiaba.

—Vamos a la Cabecera del Municipio,° don Tanis. Allí   *municipal headquarters*
será procesado su... su yerno.

330   —Entonces tienen que apurarse. Está bien lejos.

—¿Entiende usted lo que quise decir, don Tanis? Su
yerno va a ir a dar a la cárcel. Y su hija... ¿Tiene algún conocido en San Bartolomé, perdón, en Venustiano Carranza?

—No —repuso Gertrudis.

---

1. chocolate liqueur from Comitán
2. *fig.,* that you would be a chip off the old block.

—Entonces su situación va a ser un poco difícil.

—La vida nos prueba, licenciado. Hay que tener temple, valor, dar la cara a las penas.[1] Si Gertrudis no hubiera salido de mi poder yo la protegería, se lo juro. Pero ya está bajo mano de hombre.[2] Los suegros entrometidos son una maldición.

Eso lo comprobó Gertrudis cuando fue a vivir a casa de los suyos. El viejo era un basilisco y la vieja una pólvora.° Los dos no se ponían de acuerdo más que para renegar° de la nuera y obligarla a que desquitara el hospedaje y la comida con su trabajo.

Mientras tanto Juan Bautista no había logrado salir de la cárcel. Su mujer lo visitaba los jueves y los domingos, lleván- dole siempre algún bocado,° una revista, un cancionero. Y un cuerpo cuya docilidad había ido, poco a poco, transfor- mándose en placer.

Las visitas apenas les daban tiempo para comentar los avances del proceso. No hablaban nunca de lo que harían cuando Juan Bautista estuviera libre.

Por eso la noticia los cogió desprevenidos.° El primer día fue de fiesta, de celebración familiar. Cuando el matrimo- nio se instaló en la rutina, Juan Bautista comenzó a dar seña- les de inquietud.

—¿Qué te pasa? —preguntó, por cortesía, Gertrudis.

Juan Bautista fingió dudar un instante y luego decidirse bruscamente. Tomó las manos de su mujer y la miró a los ojos.

—Yo tenía una novia, Gertrudis. Desde que los dos éra- mos asinita.° No me ha faltado. Me espera.

Gertrudis retiró las manos y bajó los ojos.

—Además nuestro matrimonio no es válido. No hay acta,° no hay papeles...

—Pero mi papá se va a enojar. El puso los testigos.

—Para no ofenderlo vamos a divorciarnos. Por fortuna no te has cargado con hijos.

—¿Seré machorra°? —se preguntó a sí misma Gertrudis.

—A Dios no le gustan las embelequerías° de gentes co- mo nosotros. Por eso no llegan las criaturas.

—¡Qué bueno! Porque es muy triste eso de ser machorra.

—Así que estás libre y yo te voy a ayudar en lo que se pueda. ¿Adónde quieres ir?

Marginal glosses:
gunpowder
to complain
bite
by surprise
very little
certificate
barren
frauds

Line numbers: 340, 350, 360, 370

---

1. face one's own suffering.
2. under a man's custody.

—No sé.

—¿A La Concordia? ¿A Comitán?

Gertrudis negaba. Nunca le había gustado regresar.

—A México.°

Mexico City

—Pero criatura, cómo te la vas a averiguar sola, en tamaña ciudad.[1]

380 —Tengo una amiga que vive allá. Me escribe seguido. Cartas muy largas. Voy a buscar la dirección.

Así fue como Gertrudis y yo volvimos a vernos. Mis padres escucharon su historia parpadeando° de asombro. No, de ninguna manera iban a permitir que yo me contaminara con tan malos ejemplos. Ni pensar siquiera en que se quedaría a vivir con nosotros. Había que conseguirle trabajo y casa. Para eso se es cristiano. ¿Pero admitirla en la nuestra? No, por Dios que no. La caridad empieza por uno mismo.

blinking

En vano argumenté, lloré, supliqué. Mis padres fueron
390 inflexibles.

Bien que mal,° Gertrudis fue saliendo adelante.° Nos veíamos a escondidas los domingos. Ahora yo me había vuelto un poco más silenciosa y ella más comunicativa. Nuestra conversación era agradable, equilibrada Estábamos contentas, como si no supiéramos que pertenecíamos a especies diferentes.

Somehow / got ahead

Un domingo encontré a Gertrudis vestida de negro y deshecha en llanto.

—¿Qué te pasa?

400 —Mataron a Juan Bautista. Mira, aquí lo dice el telegrama.
Yo sonreí, aliviada.

—Me asustaste. Creí que te había sucedido algo grave.
Gertrudis me miró interrogativamente.

—¿No es grave quedarse viuda?

—Pero tú no eres viuda. Ni siquiera te casaste.
Abatió la cabeza con resignación.

—Eso mismo decía él. Pero ¿sabes? vivimos, igual que si nos hubiéramos casado. A veces era cariñoso° conmigo. ¡Necesitaría yo no tener corazón para no llorarlo!

affectionate

410 Decidí llevarle la corriente.[2] Cuando se hubo calmado empecé a preguntar detalles.

—¿Y cómo lo mataron?

---

1. find your way in such a great big city.

2. go along with her.

—De un tiro por la espalda.

—¡Válgame!

—Es que lo iban persiguiendo.

—¿Qué hizo?

—Otra vez la misma cosa. Cortar los alambres. No sé de dónde le salió esa maña.

—De veras. Es raro.

Hicimos una pausa. Yo acabé por romperla.   420

—¿Se casó, por fin?

—Sí, con su novia de siempre.

Gertrudis lo dijo con una especie de orgullo por la fidelidad y constancia de ambos.

—Entonces a ella le toca el luto. No a ti.

unsociability   Su expresión fue al principio de hurañía° y desconfianza. Luego de conformidad.

cloths   —Quítate esos trapos° negros y vamos al cine.

humming   La oí canturrear° desde el baño, mientras se cambiaba.

—¿Hay algún programa bonito?   430

—Para pasar el rato. Apúrate.

—Ya estoy lista.

Gertrudis me ofreció un rostro del que se habían borrado los recuerdos; unos ojos limpios, que no sabían ver hacia

to look back   atrás.° Toda ella no era más que la expectativa gozosa de una diversión cuyo título le era aún ignorado.

chomping   En la penumbra del cine, junto al rumiar° goloso de
popcorn   Gertrudis (que se proveía generosamente de palomitas° y
caramels   muéganos°), yo me sentí de pronto, muy triste. Si la casualidad no nos hubiera juntado otra vez, Gertrudis ¿se acordaría 440 siquiera de mi nombre? ¡Qué pretensión más absurda! Y yo que estaba construyendo mi vida alrededor de la memoria humana y de la eternidad de las palabras.

—Espérame un momento. No tardo.

No supe nunca si Gertrudis escuchó esta última frase porque no volvimos a vernos.

Al llegar a la casa tomé mi cuaderno de apuntes y lo abrí. Estuve mucho tiempo absorta ante la página en blanco. Quise escribir y no pude. ¿Para qué? ¡Es tan difícil! Tal vez, me repetía yo con la cabeza entre las manos, tal vez sea más 450

simpler   sencillo° vivir.

EXPRESIONES

aguantar el trote: cabalgar con un ritmo rápido y acelerado, sin asiento ni sosiego

al azar: a la suerte, a la decisión del destino

dar la cara a las penas: enfrentarse al dolor

estar bajo mano de hombre: estar dominada por un hombre

hacer su agua tibia: hacer planes

la maña: destreza, habilidad

palancas: influencias que se emplean para lograr algún fin

pasar el rato: entretenerse

ponerlo entre las manos: dejar un asunto a cargo de otras personas

rendir ganancias: hacer negocio

salir con un domingo siete: salirse con la suya

te pudrirás de por vida: serás condenado a cadena perpetua

PREGUNTAS

1. ¿Por qué se llama el cuento "Las amistades efímeras"?
2. ¿Quién narra el cuento?
3. ¿Por qué seleccionó la autora a ese personaje para narrar los sucesos y no a otro?
4. ¿Qué cambiaría si otra persona relatara lo ocurrido?
5. ¿Qué diferencia hay entre Gertrudis y la narradora a nivel intelectual y clase social?
6. ¿Dónde se conocieron?
7. ¿Quién educó a Gertrudis y por qué?
8. ¿Quién es Oscar?
9. ¿Qué siente Gertrudis por Oscar y qué siente por Juan Bautista?
10. ¿Por qué tuvo que separarse Gertrudis de Oscar?
11. ¿Cómo descubrió la narradora su vocación literaria?
12. ¿Quién es el hombre que llega a caballo a La Concordia y cómo se llama?
13. ¿Quién es la Picha y que relación tiene con Gertrudis?
14. ¿Dónde pasan la noche Gertrudis, la Picha y Juan Bautista?
15. Explique la reacción del padre ante el escape de su hija Gertrudis.
16. ¿Por qué se casan Juan Bautista y Gertrudis?
17. ¿Por qué no aceptan los padres de la narradora a Gertrudis en su casa del Distrito Federal?
18. ¿Cómo muere Juan Bautista y por qué?
19. ¿Por qué termina el cuento con la frase "... tal vez sea más sencillo vivir"?

20. ¿Cuándo y dónde se ven por última vez la narradora y Gertrudis?

21. ¿Cuál es su opinión acerca del final del cuento? ¿Debería Rosario Castellanos haber agregado unos párrafos más sobre la vida futura de la narradora?

PARA COMENTAR Y ESCRIBIR

1. ¿Cómo se explica el epígrafe del cuento: "... aquí sólo venimos a conocernos, sólo estamos de paso por la tierra"?

2. ¿Qué otros títulos podría usted sugerir para el cuento?

3. Discuta el tema de la emigración del campo a la ciudad en América Latina. ¿Cuáles son sus causas y cuáles sus consecuencias?

4. ¿Es este un cuento juvenil?

5. Su tema, ¿es trágico?

6. ¿Cuál es el mensaje de "Las amistades efímeras"? ¿Qué tenía en mente la autora al escribirlo?

7. ¿En qué consiste el feminismo de este cuento?

8. De la Biblia a William Shakespeare a la actualidad, el tema del amor eterno y la pasión juvenil recorre la literatura universal. ¿Cómo es el tratamiento que hace del amor eterno Rosario Castellanos?

9. ¿En qué radica "lo mexicano" del cuento?

10. ¿Cómo se caracterizan los personajes masculinos en el cuento? ¿Qué elementos los unen?

11. ¿Y qué decir de los femeninos? ¿Cuáles son sus semejanzas?

Cristina Peri Rossi

URUGUAY

Cristina Peri Rossi, along with the Argentine poet and novelist Luisa Valenzuela, is considered one of the successors to the art and style of Julio Cortázar. A short-story writer, novelist, poet, and journalist born in Montevideo, Uruguay in 1941, she holds the equivalent of a Master's degree in linguistics from the Instituto de Profesores Artigas, and from 1961 to 1971 she taught at several Uruguayan institutes. Peri Rossi was one of the main contributors to the distinguished leftist weekly *Marcha,* but in 1972 she left Uruguay to seek exile in Spain, where she now lives. She is the author of *Viviendo* (1963), *Los museos abandonados* (1968), *El libro de mis primos* (1969), *Indicios pánicos* (1970), *La tarde del dinosaurio* (1976), *La rebelión de los niños* (1980), and *El museo de los esfuerzos inútiles* (1983). Her collections of poems include *Descripción de un naufragio* (1974) and *Lingüística general* (1979). Critics see her crisp, often satirical and self-reflective prose as ad hoc to the postmodernist spirit. Peri Rossi sees her own fiction and poetry not as a substitute for, but as an expansion of her political reflection—a form of knowledge. "La estampida" is part of *Indicios pánicos.* In this story, the allegorical title points toward a double reading. It was written during a period of political violence in Uruguay and reflects the author's political commitments. The narrator, a common man, becomes aware of the relationship between power and oppression and what he sees awakens his subjective consciousness. The narrative's ironic tone reinforces a strong ideological statement against military repression in Latin America. It is a symbolic short story that does not depend solely on geographic or historic circumstances.

Criticism

Camps, Susana. "La pasión desde la pasión: Entrevista con Cristina Peri Rossi," *Quimera* 81 (September 1988): 40–49.

Chanady, Amaryll B. "Cristina Peri Rossi and the Other Side of Reality," *The Antigonish Review* 54 (Summer 1983): 44–48.

Narvaez, Carlos Raúl. *La escritura plural e infinita: El libro de mis primos de Cristina Peri Rossi.* Valencia, Spain: Albatros, 1991.

San Román, Gustavo. "Entrevista a Cristina Peri Rossi." *Revista Ibero-americana* 160–61: LVIII (July–December 1992): 1041–48.

_____. "Fantastic Political Allegory in the Early Work of Cristina Peri Rossi," *Bulletin of Hispanic Studies* 67, 2 (April 1990): 151–64.

Schmidt, Cynthia A. "A Satiric Perspective on the Experience of Exile in the Short Fiction of Cristina Peri Rossi," *The Americas Review* 18, 3–4 (Fall–Winter 1990): 218–26.

Verani, Hugo. "Una experiencia de límites: La narrativa de Cristina Peri Rossi," *Revista Iberoamericana* 48, 118–19 (January–June 1982): 303–16.

La estampida[1]

shots

No se levantó más desde el día en que sonaron los tiros° y en la ciudad hubo una corrida que no fue de toros sino de solda-dos y civiles,[2] los soldados armados hasta los dientes, a gue-rra, con armas traídas directamente desde los Estados Unidos

president for life

por un pedido que el Presidente Vitalicio° había hecho al Embajador y éste solícito transmitió al Departamento de Rela-ciones Exteriores y éste a su vez consultó con el Pentágono y el Pentágono reunido decidió colaborar con la factoría para que no hablaran mal de ellos y pensaran que no estaban dis-puestos a ayudar a los gobiernos amigos y subordinados; los civiles desarmados porque ellos no contaban con la ayuda del Pentágono ni del Cuadrado, más bien no contaban con la ayuda de nadie pero igual corrían. El ruido de la corrida fue

loud noise

muy grande y él recordó, con el retumbar,° una estampida de búfalos que había visto en una película del Oeste en panavi-sión y cinemascope, con las patas de los búfalos en primer plano pasando casi sobre la cabeza de uno mismo y el sonido

10

---

1. The stampede
2. a run, not of bulls (bullfight) but rather of soldiers and civilians

estereofónico de la sala cinematográfica y él pensó que la
corrida y la estampida eran impresionantes, cómo se había
20 podido filmar aquello, y ahora lo teníamos en casa, sólo que
los búfalos eran hombres y mujeres a pie corriendo despavo-
ridos° por la avenida y el tronar° era de los caballos lanzados — terrified / thunder
en su persecución más el ruido de los diparos° y las granadas — shots
al estallar, granadas que venían con una inscripción en inglés
que recomendaba no usarlas en caso de manifestaciones,° — demonstrations
tumultos o gentío, pero quién iba a hacerle caso a la inscripción; el ruido fue tan imponente —la disparada y la gente
despavorida como búfalos en tropel°— que retumbó por la — huddled
playa y las calles y a lo mejor como una cacería. Y sin querer
30 pensó también en las enormes corvinas° negras que gemían° — kind of fish / moaned
antes de morir y su ulular se escuchaba a lo largo y a lo
ancho de la orilla, pero este ruido era mucho más fuerte. El
ung ung ung de las corvinas el vientre retumbando el sing
sing sing de las balas, corvina roncando, balas rebotando,
corvinas retumbando, balas roncando, corvinas sing sing sing
balas ung ung ung corvinas retumbando, balas en el blanco.

Él no venía corriendo sino caminando, pero igual, el
ruido fue tan intenso que no pudo dejar de oírlo, cerrar los
ojos como las puertas de la casa para guarcerse° adentro. Y — to take shelter
40 de la estampida quedaron muchos baldados° para siempre; — disabled
piernas, brazos quebrados, ojos extraviados, manos mutiladas;
todo se perdió por las calles en despavorida huida hacia las
catedrales que abrían sus puertas como enormes madres tier-
nas y acogedoras, pero hasta el altar mismo donde Cristo otra
vez agonizaba se extendió la furia y las hostias° saltaban como — hosts
peces para caer en el suelo sobre el púlpito y el reclinatorio.

Los diarios no comentaban la noticia porque estaba prohibido hacerlo, de manera que un silencio como un sudario° se — shroud
extendió sobre las plazas y las catedrales, los hospitales, los
50 cementerios y las avenidas, sobre las cárceles y las ambulan-
cias; silencio sobre el duelo° de las familias, sobre los miem- — mourning
bros mutilados y el aire enrarecido. Pasear entonces por las
calles era como caminar sobre la superficie grisácea y opaca
de la luna: un silencio de cosas muertas o no nacidas, de cosas
apagadas, un mar sereno, el polvo que se levanta y lentamente
cae, un espectro de muebles viejos abandonados en la víspe-
ra,° un aire pesado, una ausencia siniestra de sonidos. ¿Dónde — the day before
estaba toda la gente? Primero salió a recorrer las calles, de
golpe vacías, como si toda la ciudad se hubiera ido de las pla-
60 zas, de las avenidas, de las casas. Ni los muros hacían sombra.

Esa soledad de la ciudad lo sobrecogió como si se tratara del único sobreviviente. ¿Dónde hallar la multitud? Solamente los soldados patrullaban la avenida, cuidando reductos que nadie pretendía asaltar.[1] El verde de los uniformes y las *sidewalks* aceras° grises lo entristecieron como una tumba, como la pampa de granito. Había una muchacha herida en alguna parte que él hubiera querido visitar; había visto cómo un soldado apuntaba° fríamente hacia ella y la niña caía, quedaba a un costado, junto a la acera, como una hoja más, del otoño, que hubiera caído. Era imposible averiguar su destino. A 70 qué hospital silenciosamente fue llevada, en qué cementerio, clandestinamente había sido enterrada, si alguien la recogió como un libro perdido o una moneda extraviada° en la vereda, si alguien le tomó la mano, el pulso, la socorrió. Tuvo un sentimiento de piedad por tantas anécdotas truncas,° por tantas biografías de pronto segadas,° rasgadas,° interrumpidas por la hipérbole ridícula de una bala, tuvo un sentimiento de piedad por todos los idilios bruscamente suspendidos, por las casas vacías, por los muebles abandonados, los niños huérfanos, por todo aquello que desde hoy se había vuelto 80 prohibido, inestable, peligroso.

Alguien le recomendó que entrara a la casa, que era un riesgo andar por la calle, con ese aire desasido, desahuciado, con esa sorpresa que lo volvía un inadaptado, un rebelde potencial.

Entonces fue cuando se acostó. La habitación estaba llena de fotografías de antiguas guerras, guerras anteriores, guerras superadas. Guerras de los libros pero que ahora revivían con macabra fecundidad. Carlomagno en las rojas murallas de París y los paladines° sudorosos y sedientos a bordo 90 de caballos tan sudorosos y sedientos como ellos. ¿Todo había empezado con ese dibujo? Una larga caravana avanzaba. Fotografías y leyendas de la segunda guerra mundial. Nagasaki llena de humo y un infante de marina encendiendo su cigarro, el pie se apoya sobre el brazo de un cadáver parcialmente quemado. La fotografía había merecido un premio de Life o algo así. Seguramente le habían dado una medalla. Espectros de otros días, espectros de estos días.

Ordenó los pocos libros y ropas que tenía en la pieza y *neat* sacudió el polvo de la única silla. Un soldado debe ser prolijo,° 100

sidewalks
aimed
lost
incomplete
cut / torn
knights
neat

---

1. looking after strongholds that no one tried to attack.

aunque deserte. Sus amigos vendrían a visitarlo. A preguntarle por qué no iba más a la oficina, qué lo tenía alejado del
estadio.[1] Y él simplemente callaría, callaría mientras los otros
contemplaran indiferentes las fotografías y leyendas, las fotografías de las guerras que seguramente ya casi todo el mundo
había olvidado, pero él no, Napoleón y Carlomagno, desde
muy niño tuvo una maldita° memoria para todo, y cómo olvi   *damned good*
dar ahora la estampida, cómo olvidar al soldado apuntando
fríamente y a la muchacha —una niña, casi— cayendo en
110 cámara lenta, cayendo despacio, inclinándose sobre la pared,
y saber, o no saber nunca más, *entiéndanlo: no saber jamás,* qué había sido de ella, si alguien la recogió, si fue encerrada° en una prisión con tantos otros, si se la dejó morir, si   *locked up*
fue llevada a cuestas por los compañeros, si la cuidaba un
hermano, un amigo, una madre. Y a él —como a Job— los
amigos vendrían falsamente a consolarlo, a disuadirlo, a insinuarle que con tantas guerras —recordar a los romanos—
quizás estuviera algo alterado.° Le dirían que siempre, siem   *disturbed*
pre, había sido así. Le recomendarían paciencia y entreteni
120 miento. Salir de paseo y andar a pie, ir más a menudo con
mujeres, recorrer algún país venturoso donde la paz estuviera en la superficie. Los amigos vendrían a proponerle
enmiendas y sonetos: resignación, esperanza y caridad.
Virtudes teologales que habían perdido en algún campo de
batalla. O quizás solamente las perdió durante la estampida.
Bueno era que alguna vez le tocara a él también perder algo
en alguna guerra. Había atravesado con dolor los campos de
Castilla y sobrevivido en Auschwitz, había caído en Hué y se
había levantado en Hué para volver a caer; había presenciado
130 la matanza de negros en Palmares y el exterminio de los
indios en Potosí; había peleado en el Sur contra el Norte y en
el Norte contra el Sur; había sido soldado azul, soldado verde
y soldado rojo, ¿qué más podía pedírsele? Ya no estaba en
edad de combatir. De manera que se acostó en la cama y
dejó escritas las últimas órdenes: al repartidor de periódicos,
que no se molestara más en pasarle el diario por debajo de la
puerta: ya no necesitaría conocer las noticias de occidente y
de oriente, ni leer las informaciones locales censuradas por
el ministro; al lechero, que no dejara la leche en el pasillo,
140 junto a su puerta, una leche que vendría manchada, contami

---

1. what was the reason for his remoteness.

nada por la impureza de la falta de memoria, de olvido, de la transacción y el escarnio.° Al cartero, que devolviera las cartas que traían su nombre: ningún contacto con los hombres podía interesarle allí, en el trasmundo.° A la empleada que venía a limpiar tres veces por semana su pequeña guarida,° le dejó una nota inquietante, donde la absolvía de su tarea doméstica y la conminaba° a suspender para siempre la otra, la de multiplicar los seres sobre el planeta. Estaba seguro de que la mujer no entendería una sola palabra de la carta, por lo cual le agregó un poco de dinero: con la advertencia, 150 cumplía su último deber de conciencia, con el dinero, la mujer se quedaría tranquila, no alarmaría a nadie, no daría aviso a la policía. En cuanto al jefe de su oficina, le mandó una carta donde le agradecía la insistencia que había puesto siempre en corregirle los pequeños detalles que lo distinguían de los otros, convencido de que toda excepcionalidad —así fuera en la manera de anudarse la corbata[1]— era subversiva, en una sociedad de masa; le agradecía también el control riguroso de horario,° aún los días en que no había nada que hacer, por aquello de que el mundo no puede funcionar 160 (decía) sin disciplina, los números telefónicos de mujeres que le proporcionó, sin que él jamás se los pidiera, en un gesto de ambigua camaradería, algunos datos° para las carreras de caballos que no utilizó, la propuesta de alquilar juntos un apartamento para sus fiestas de fin de semana, señales todas éstas de una simpatía que jamás creyó haberse granjeado.°

Después de lo cual se acostó.

Todavía sigue acostado.

Se hacen largas colas° delante de su puerta. La gente quiere averiguar las razones por las que se niega a levantarse. 170 Pasan los días y algunos piensan que duerme, otros, que está muerto. Ha llegado una antigua novia de alguna parte que seguramente él ya no puede recordar. Dice ser la primera mujer que él besó en la vida. Él no está para confirmarlo o desmentirlo. El gobierno se ha preocupado por la situación. Primero, envió a un Inspector de la Policía. El hombre no pudo abrir la puerta y se retiró, para solicitar instrucciones al Alto Comando. Después llegó un psiquiatra, que intentó comunicarse con él a través de las paredes. El hombre se negó a contestar a todas sus preguntas. El psiquiatra hizo 180

scoffing

afterworld
shelter

threatened

schedule

tips

won

lines

---

1. of fastening his necktie

varias afirmaciones importantes. Dijo que el enfermo estaba
haciendo un proceso de resistencia al sistema, debido a un
fuerte shock emocional sufrido quién sabe cuándo. Un amigo
presente preguntó si podía haber sido a raíz° de un film del   *because*
Oeste que el paciente había visto hacía tiempo, donde se proyectaba una estampida de búfalos que lo había impresionado
mucho. El psiquiatra dijo que esa hipótesis entraba dentro
del terreno de las posibilidades. Llegó una mujer mayor, lloro-
sa, diciendo ser su madre, si tendría derecho a una pensión
190 en caso de fallecimiento, pero no aportó° ningún documento   *brought*
probatorio de su maternidad. Dijo que los documentos los
había extraviado en un accidente de aviación, probablemente
el mismo en que muriera el cantor Carlos Gardel.[1] Vino un
médico de medicina general, quien aseguró que el paciente
estaba en pleno proceso de arteriosclerosis. En sueños se lo
había oído hablar de un niño. El psiquiatra admitió la posibilidad de que se tratara de un maniático sexual quien, después
de haber cometido algún acto aberrante, trataba de castigarse
a sí mismo mediante la reclusión voluntaria. Se buscó en los
200 archivos policiales, pero las únicas niñas muertas o heridas°   *wounded*
en ese período habían sido víctimas de algún descuido poli-
cial, cuando por accidente se escapaba un tiro del arma regla-
mentaria a un agente del orden, o tropezaba,° cosa que solía   *stumbled*
suceder muy a menudo durante las manifestaciones o las huel-
gas. El hecho alarmó al psiquiatra: ¿el hombre estaría atribu-
yéndose algún crimen que en realidad él no había cometido?
Eso era frecuente en los enfermos que padecían° delirios. El   *suffered*
jefe apareció furioso. No le importaba el problema de las fal-
tas,° que en realidad no le pensaba justificar, así le presenta-   *absences*
210 ran todos los certificados médicos del mundo, sino que había
perdido su agenda telefónica y quería que su subalterno
recordara el número de una rubia fenomenal con la que
deseaba verse este fin de semana. Su empleado siempre
había tenido una memoria extraordinaria. ¿No había ninguna
maldita manera de hacerlo salir de su escondrijo?
　　Después de varios días de expectativa, la situación se volvió particularmente delicada. Los periodistas comenzaron a
rodear la casa, como si se tratara de la residencia de alguien
importante, un famoso jugador de fútbol, por ejemplo, del cual
220 todo se registra y fotografía, se graba y se filma, el bostezo° que   *yawn*

---

1. famous Argentinian tango singer

da al despertar, la cucharada de mermelada que se lleva a la boca, el beso que le da a la madre el día de su aniversario y la marca de dentífrico que prefiere. La policía había acordonado la zona, en previsión de desorden. Un helicóptero del ejército sobrevolaba el lugar, registrando todos los movimientos. Los médicos y los inspectores de cualquier cosa iban y venían. La mujer que declaraba haber sido la primera novia del paciente, recibía varias proposiciones, de diversa índole: promocionar un producto de belleza para el cutis, auspiciar el Movimiento Nacional de Mujeres Democráticas y filmar un 230 pequeño aviso de televisión, cuyo texto era el siguiente: *Sea patriota, delate° a un subversivo.*

denounce

La solución vino a través del Primer Ministro, que siempre había mostrado gran preocupación por los temas nacionales. Declaró que había que desalojar° al rebelde, pues constituía un pésimo ejemplo para la sociedad, las generaciones jóvenes y las futuras, pues era un *elemento* disolvente, propagador de feas costumbres, como la de faltar al empleo,[1] no atender a las visitas y no responder a los interrogatorios de las autoridades correspondientes, al no cumplir sus deberes de 240 ciudadano, especialmente, al deber de respetar, honrar y aclamar° al ejército, todo lo cual demostraba que estábamos en presencia de un peligrosísimo agitador, un hombre sin moral, ni escrúpulos, dispuesto a todo para alcanzar sus siniestros propósitos que eran disolver el Estado, destruir la familia, asaltar las instituciones y corroer la salud pública. Por otra parte, las aglomeraciones alrededor de su casa eran un constante peligro para la seguridad nacional: en cualquier momento podría originarse allí un tumulto, de consecuencias imprevisibles. Por lo tanto, dispuso se conminara inmediatamente al 250 ciudadano a abandonar el lecho,° vestirse, abrir la puerta y salir de la casa, con las manos en alto y un pañuelo° blanco atado al brazo. Para todo lo cual se le daban cinco minutos.

evict

applaud

bed
handkerchief

El ciudadano no contestó. Nada se movió dentro de la casa, nada pareció modificarse luego de leída la serena y firme conminación del señor ministro. Transcurrieron los cinco minutos sin que el ocupante desalojara la casa.

platoon, squad

Entonces un pelotón° del ejército lanzó un puñado de granadas sobre el edificio, que estalló como un pequeño globo, con lo cual la rebelión fue sofocada.   260

---

1. to be absent from the job

EXPRESIONES

a raíz de: por causa de

armados hasta los dientes: bien provistos de armas

falto de memoria: olvidadizo, de poca capacidad para recordar

faltar al empleo: no asistir al trabajo

ir más a menudo: ir con más frecuencia

tenerlo alejado: impedir que alguien se acerque a un lugar o a una persona

PREGUNTAS

1. Indique su reacción al título del cuento.

2. ¿Cuándo y por qué decide que no va a levantarse más el narrador?

3. ¿Por qué establece el narrador una semejanza entre una película norteamericana del lejano Oeste y la violencia de su país?

4. ¿Cómo era el ruido que oyó el narrador?

5. ¿Qué pasó después del ataque? ¿Hubo heridos?

6. ¿Cómo sabemos que hubo represión por parte del gobierno?

7. El narrador dice que tuvo un sentimiento de piedad por tantas anécdotas truncas o interrumpidas por la destrucción. ¿Qué quiere decir con esto?

8. ¿Qué otras imágenes históricas y familiares son recordadas por el narrador a partir del suceso inicial?

9. ¿Por qué decide el narrador cambiar y abandonar su vida cotidiana: su trabajo, a sus amigos, etc.? ¿Qué le escribe a su jefe?

10. ¿Cómo interpreta usted ahora la decisión del narrador de no querer levantarse más? ¿Piensa que está loco o que se trata de un maniático sexual, como admitió el psiquiatra?

11. Explique el final del cuento. ¿Por qué se considera al narrador como un peligrosísimo agitador y se decide eliminarlo? ¿Qué hizo él para ser considerado subversivo?

PARA COMENTAR Y ESCRIBIR

1. ¿Cuál es el tema central de este cuento? Indique la intención de la autora al no querer revelarnos el nombre del narrador ni el del país donde tiene lugar la acción.

2. ¿Qué detalles revelan la época histórica?

3. ¿Le parece a usted que el estilo de este cuento es adecuado para la naturaleza del drama político presentado por la autora?

4. Discuta la creación del ambiente de miedo, peligro y violencia en "La estampida."

5. Interprete las citas siguientes:

Pasear entonces por las calles era como caminar hasta una ausencia siniestra de sonidos.

Y sin querer pensó también en las enormes corvinas negras que gemían antes de morir y su ulular se escuchaba a lo largo y a lo ancho de la orilla, pero este ruido era mucho más fuerte. El ung ung ung de las corvinas el vientre retumbando el sing sing sing de las balas, corvina roncando, corvinas sing sing sing balas ung ung ung corvinas retumbando, balas en el blanco.

6. ¿Cuál es la visión del mundo y de la realidad que refleja esta narración? ¿Puede usted relacionarla con la situación de algunos países de hispanoamérica o de otros lugares del mundo?

7. Hay dos tipos de rebelión individual o colectiva frente a los abusos del poder: la resistencia pasiva o la agresión violenta. ¿Qué tipo de rebelión presenta este cuento? ¿Puede relacionarlo con algunas figuras históricas del siglo XX, digamos Malcom X, Gandhi o las Madres de la Plaza de Mayo?

8. Describa una escena que usted haya visto en película o en la televisión o haya presenciado personalmente en la que se evidencia una confrontación entre grupos civiles y militares o la policía. Utilice el vocabulario del cuento.

9. ¿Qué significado simbólico tiene este relato?

Julio Cortázar

ARGENTINA

The Argentinian writer Julio Cortázar was born in 1914 in Brussels, Belgium, and died in Paris, France, in 1984. Besides being a poet, translator and amateur jazz musician, Cortázar was one of the world's most famous authors of novels and short stories. Cortázar's family moved back to Argentina in 1920, when he was six years old. In 1952, In opposition to Juan Domingo Perón's dictatorship, he left for France, where he worked as a translator for UNESCO. In 1981, he accepted French citizenship. His first novel, *Los premios* (1960), has an inventive, original, and vivid style. *Rayuela,* a novel about exile and experimentation published in 1963, revolutionized Latin American letters calling for "the reader's active participation in the creative process." The novel was heavily influenced by jazz as well as by the French *nouveau roman*. His reputation, however, is due as much to his short stories and humorous essays as to his longer narratives. He began publishing tales of the bizarre and fantastic in 1951, with *Bestiario*. *Final de juego* followed in 1956 and *Las armas secretas* in 1959. Cortázar continued to explore new forms in *Alguien que anda por ahí* (1980), *Octaedro* (1981) and *Queremos tanto a Glenda* (1983). Three months after his death, *Salvo el crepúsculo* (1984), a collection of verse illustrated with drawings by Picasso, appeared. Although Cortázar's style is essentially different from that of Borges, the writers have often been compared: both were interested in dreams and saw the imagination as a self-sufficient reality that often interferes in the human world, and both were admirers of Edgar Allan Poe's arabesques. "Cambio de luces," which first appeared in *Alguien que anda por ahí,* has given the title to a collection of short stories by Cortázar translated into English: *A Change of Light and Other Stories*. It is representative of other Cortázar short narratives that mix love and desire, imagination and seduction with an awareness of the fictional aspects of the act of writing as one of the ways of creating the illusion of presence. The main characters of "Cambio de luces" want to transform each other into the man or woman they imagine, presenting themselves as the creators/inventors of their own desire.

Criticism

Alazraki, Jaime. *En busca del unicornio. Los cuentos de Julio Cortázar. Elementos para una poética de lo neofantástico*. Madrid: Gredos, 1983.

Carter, E. D. Jr. *Otro round. Estudios sobre la obra de Julio Cortázar*. Sacramento: Hispanic Press, 1989.

Cruz, Julia G. *Lo neofantástico en Julio Cortázar*. Madrid: Pliegos, 1988.

Ferré, Rosario. *Cortázar. El romántico en su observatorio*. Puerto Rico: Editorial Cultural, 1990.

Lagmanovich, David, ed. *Estudios sobre los cuentos de Julio Cortázar*. Barcelona: Hispamérica, 1975.

MacAdam, Alfred. *El individuo y el otro. Crítica a los cuentos de Julio Cortázar*. Buenos Aires: Editorial. La Librería, 1971.

Mora Valcárcel, Carmen de. *Teoría y práctica del cuento en los relatos de Julio Cortázar*. Sevilla, Spain: Publicaciones de la Escuela de Altos Estudios de Sevilla, 1982.

Peavler, Terry J. *Julio Cortázar*. New York: Twayne, 1990.

Picon Garfield, Evelyn. *Julio Cortázar*. New York: Frederick Ungar, 1975.

Planells, Antonio. *Julio Cortázar: Metafísica y erotismo.* Madrid: Porrúa, 1986.

Schiminovich, Flora, "Cortázar y el cuento en uno de sus cuentos," in *Homenaje a Julio Cortázar,* Helmy Giacomán, ed. New York: Las Américas, 1972.

Cambio de luces

Esos jueves al caer la noche cuando Lemos me llamaba des-
pués del ensayo en Radio Belgrano y entre dos cinzanos° los   *fashionable drink*
proyectos de nuevas piezas, tener que escuchárselos con tan-
tas ganas de irme a la calle y olvidarme del radioteatro° por   *radio soap operas*
dos o tres siglos, pero Lemos era el autor de moda y me paga-
ba bien para lo poco que yo tenía que hacer en sus progra-
mas, papeles° más bien secundarios y en general antipáticos.   *roles*
Tenés¹ la voz que conviene, decía amablemente Lemos, el
radioescucha° te escucha y te odia, no hace falta que traicio-   *radio listener*
10 nes a nadie o que mates a tu mamá con estricnina, vos abrís
la boca y ahí nomás° media Argentina quisiera romperte el   *right there*
alma² a fuego lento.³

   No Luciana, precisamente el día en que nuestro galán
Jorge Fuentes al término de *Rosas de ignominia*⁴ recibía dos
canastas de cartas de amor y un corderito blanco mandado
por una estanciera° romántica del lado de Tandil, el petiso°   *ranch girl / short person*
Mazza me entregó el primer sobre° lila de Luciana. Acostum-   *envelope*
brado a la nada en tantas de sus formas, me lo guardé en el
bolsillo antes de irme al café (teníamos una semana de des-
20 canso después del triunfo de *Rosas* y el comienzo de *Pájaro
en la tormenta*) y solamente en el segundo martini con
Juárez Celman y Olive me subió al recuerdo el color del
sobre y me di cuenta de que no había leído la carta; no quise
delante de ellos porque los aburridos buscan tema y un
sobre lila es una mina de oro, esperé a llegar a mi departamento donde la gata por lo menos no se fijaba en esas cosas,
le di su leche y su ración de arrumacos,° conocí a Luciana.   *affection*

   No necesito ver una foto de usted, decía Luciana, no me
importa que *Sintonía* y *Antena*⁵ publiquen fotos de Míguez y
30 de Jorge Fuentes pero nunca de usted, no me importa porque tengo su voz, y tampoco me importa que digan que es
antipático y villano, no me importa que sus papeles engañen
a todo el mundo, al contrario, porque me hago la ilusión de

---

1. In Argentina, *vos tenés*, a verbal form equivalent to *tú tienes*, is used for the
   familiar second person singular. See further down: *vos abrís, querés, cambiás, mimás* instead of *abres, quieres, cambias, mimas.*
2. *lit.,* kill your soul; *fig.,* kill you
3. over a slow fire
4. "Roses of Infamy," title of a radio soap opera
5. Argentinian magazines devoted to the radio and musical world

the only one

in truth

smuggler

ser la sola° que sabe la verdad: usted sufre cuando interpreta esos papeles, usted pone su talento pero yo siento que no está ahí de veras° como Míguez o Raquelita Bailey, usted es tan diferente del príncipe cruel de *Rosas de ignominia*. Creyendo que odian al príncipe lo odian a usted, la gente confunde y ya me di cuenta con mi tía Poli y otras personas el año pasado cuando usted era Vassilis, el contrabandista° 40 asesino. Esta tarde me he sentido un poco sola y he querido decirle esto, tal vez no soy la única que se lo ha dicho y de alguna manera lo deseo por usted, que se sepa acompañado a pesar de todo, pero al mismo tiempo me gustaría ser la única que sabe pasar al otro lado de sus papeles y de su voz, que está segura de conocerlo de veras y de admirarlo más que a los que tienen los papeles fáciles. Es como con Shakespeare, nunca se lo he dicho a nadie, pero cuando usted hizo el papel, Yago me gustó más que Otelo. No se crea obligado a contestarme, pongo mi dirección por si realmente quiere 50 hacerlo, pero si no lo hace yo me sentiré lo mismo feliz de haberle escrito todo esto.

handwriting

cushion
cans

chestnut hair

filling / friendship

Caía la noche, la letra° era liviana y fluida, la gata se había dormido después de jugar con el sobre lila en el almohadón° del sofá. Desde la irreversible ausencia de Bruna ya no se cenaba en mi departamento, las latas° nos bastaban a la gata y a mí, y a mí especialmente el coñac y la pipa. En los días de descanso (después tendría que trabajar el papel de *Pájaro en la tormenta*[1]) releí la carta de Luciana sin intención de contestarla porque en ese terreno un actor, aunque sola- 60 mente reciba una carta cada tres años, estimada Luciana, le contesté antes de irme al cine el viernes por la noche, me conmueven sus palabras y ésta no es una frase de cortesía. Claro que no lo era, escribí como si esa mujer que imaginaba más bien chiquita y triste y de pelo castaño° con ojos claros estuviera sentada ahí y yo le dijera que me conmovían sus palabras. El resto salió más convencional porque no encontraba qué decirle después de la verdad, todo se quedaba en un relleno° de papel, dos o tres frases de simpatía° y de gratitud, su amigo Tito Balcárcel. Pero había otra verdad en la postdata: 70 Me alegro de que me haya dado su dirección, hubiera sido triste no poder decirle lo que siento.

A nadie le gusta confesarlo, cuando no se trabaja uno

---

1. "Bird in the Storm," title of a radio soap opera

termina por aburrirse un poco, al menos alguien como yo.
De muchacho tenía bastantes aventuras sentimentales, en las
horas libres podía recorrer el espinel° y casi siempre había   *fishing line*
pesca,° pero después vino Bruna y eso duró cuatro años, a los   *chasing girls*
treinta y cinco la vida en Buenos Aires empieza a desteñirse°   *to fade away*
y parece que se achicara,° al menos para alguien que vive solo   *shrink*
80 con una gata y no es gran lector ni amigo de caminar mucho.
No que me sienta viejo, al contrario; más bien parecería que
son los demás, las cosas mismas que envejecen y se agrietan;°   *get wrinkled*
por eso a lo mejor preferir las tardes en el departamento,
ensayar *Pájaro en la tormenta* a solas con la gata mirándo-
me, vengarme de esos papeles ingratos° llevándolos a la per-   *unpleasant*
fección, haciéndolos míos y no de Lemos, transformando las
frases más simples en un juego de espejos que multiplicaba lo
peligroso y fascinante del personaje. Y así a la hora de leer el
papel en la radio todo estaba previsto, cada coma° y cada   *comma*
90 inflexión de la voz, graduando los caminos del odio (otra vez
uno de esos personajes con algunos aspectos perdonables
pero cayendo poco a poco en la infamia hasta un epílogo de
persecución al borde de un precipicio° y salto final con gran   *abyss*
contento de radioescuchas). Cuando entre dos mates[1] encontré la carta de Luciana olvidada en el estante de las revistas y
la releí de puro aburrido, pasó que de nuevo la vi, siempre he
sido visual° y fabrico fácil cualquier cosa, de entrada Luciana   *visualize easily*
se me había dado más bien chiquita y de mi edad o por ahí,
sobre todo con ojos claros y como transparentes, y de nuevo
100 la imaginé así, volví a verla como pensativa antes de escribirme cada frase y después decidiéndose. De una cosa estaba
seguro, Luciana no era mujer de borradores,° seguro que   *rough drafts*
había dudado antes de escribirme, pero después escuchándo-
me en *Rosas de ignominia* le habían ido viniendo las frases,
se sentía que la carta era espontánea y a la vez —acaso por el
papel lila— dándome la sensación de un licor que ha dormido
largamente en su frasco.°   *flask*
    Hasta su casa imaginé con sólo entornar los ojos, su casa
debía ser de ésas con patio cubierto o por lo menos galería
110 con plantas, cada vez que pensaba en Luciana la veía en el
mismo lugar, la galería desplazando finalmente el patio, una
galería cerrada con claraboyas° de vidrios de colores y mam-   *skylights*
paras° que dejaban pasar la luz agrisándola, Luciana sentada   *screens*

---

1. Argentinian herbal tea served in a special container

wicker

en un sillón de mimbre° y escribiéndome usted es muy diferente del príncipe cruel de *Rosas de ignominia,* llevándose la
lapicera a la boca antes de seguir, nadie lo sabe porque tiene
tanto talento que la gente lo odia, el pelo castaño como en-

ash-colored

vuelto por una luz de vieja fotografía, ese aire ceniciento° y a
la vez nítido de la galería cerrada, me gustaría ser la única que
sabe pasar al otro lado de sus papeles y de su voz.   120

series

La víspera de la primera tanda° de *Pájaro* hubo que comer con Lemos y los otros, se ensayaron algunas escenas de
esas que Lemos llamaba clave y nosotros clavo,¹ choque de

tirades

temperamentos y andanadas° dramáticas, Raquelita Bailey
muy bien en el papel de Josefina, la altanera muchacha que
lentamente yo envolvería en mi consabida telaraña de malda-

fitted

des para las que Lemos no tenía límites. Los otros calzaban°
justo en sus papeles, total maldita la diferencia entre ésa y las
dieciocho radionovelas que ya llevábamos actuadas. Si me
acuerdo del ensayo es porque el petiso Mazza me trajo la   130
segunda carta de Luciana y esa vez sentí ganas de leerla en
seguida y me fui un rato al baño mientras Angelita y Jorge
Fuentes se juraban amor eterno en un baile de Gimnasia y

unleashed
fans
characters

Esgrima,² esos escenarios de Lemos que desencadenaban° el
entusiasmo de los habitués° y daban más fuerza a las identifi-
caciones psicológicas con los personajes,° por lo menos
según Lemos y Freud.

pastry shop /
neighborhood in
Buenos Aires

Le acepté la simple, linda invitación a conocerla en una
confitería° de Almagro.° Había el detalle monótono del reco-
nocimiento, ella de rojo y yo llevando el diario doblado en   140
cuatro, no podía ser de otro modo y el resto era Luciana
escribiéndome de nuevo en la galería cubierta, sola con su
madre o tal vez su padre, desde el principio yo había visto un
viejo con ella en una casa para una familia más grande y

hollow spaces
perhaps

ahora llena de huecos° donde habitaba la melancolía de la
madre por otra hija muerta o ausente, porque acaso° la muerte había pasado por la casa no hacía mucho, y si usted no
quiere o no puede yo sabré comprender, no me corresponde
tomar la iniciativa pero también sé —lo había subrayado sin
énfasis— que alguien como usted está por encima de mu-   150
chas cosas. Y agregaba algo que yo no había pensado y que

---

1. *lit.,* he called them key and we called them nail; a play on words meaning
   "he thought them essential and we thought them a pain."
2. private social club in Buenos Aires

me encantó, usted no me conoce salvo esa otra carta, pero yo
hace tres años que vivo su vida, lo siento como es de veras en
cada personaje nuevo, lo arranco del teatro y usted es siempre el mismo para mí cuando ya no tiene el antifaz de su
papel.° (Esa segunda carta se me perdió, pero las frases eran   *mask of your role*
así, decían eso; recuerdo en cambio que la primera carta la
guardé en un libro de Moravia que estaba leyendo, seguro
que sigue ahí en la biblioteca.)

160   Si se lo hubiera contado a Lemos le habría dado una idea
para otra pieza, clavado° que el encuentro se cumplía des-   *for sure*
pués de algunas alternativas de suspenso y entonces el
muchacho descubría que Luciana era idéntica a lo que había
imaginado, prueba de cómo el amor se adelanta al amor y la
vista a la vista, teorías que siempre funcionaban bien en Radio
Belgrano. Pero Luciana era una mujer de más de treinta años,
llevados eso sí con todas las de la ley,[1] bastante menos menu-
da° que la mujer de las cartas en la galería, y con un precioso   *small*
pelo negro que vivía como por su cuenta° cuando movía la   *by itself*
170 cabeza. De la cara de Luciana yo no me había hecho una imagen precisa salvo los ojos claros y la tristeza; los que ahora me
recibieron sonriéndome eran marrones° y nada tristes bajo   *brown*
ese pelo movedizo.° Que le gustara el whisky me pareció   *shifting*
simpático, por el lado de Lemos casi todos los encuentros
románticos empezaban con té (y con Bruna había sido café
con leche en un vagón de ferrocarril). No se disculpó por la
invitación, y yo que a veces sobreactúo° porque en el fondo   *overact*
no creo demasiado en nada de lo que me sucede, me sentí
muy natural y el whisky por una vez no era falsificado. De
180 veras, lo pasamos muy bien y fue como si nos hubieran pre-
sentado por casualidad y sin sobreentendidos,° como empie-   *tacit agreements*
zan las buenas relaciones en que nadie tiene nada que
exhibir o que disimular; era lógico que se hablara sobre todo
de mí porque yo era el conocido y ella solamente dos cartas
y Luciana, por eso sin parecer vanidoso la dejé que me recordara en tantas novelas radiales, aquella en que me mataban
torturándome, la de los obreros sepultados° en la mina, algu-   *buried*
nos otros papeles. Poco a poco yo le iba ajustando la cara y
la voz, desprendiéndome° con trabajo de las cartas, de la   *breaking away*
190 galería cerrada y el sillón de mimbre; antes de separarnos me
enteré de que vivía en un departamento bastante chico en

---

1. well, as they should be

curly

villainies
jokingly

straight

suddenly
mewing

packing plants

planta baja y con su tía Poli que allá por los años treinta
había tocado el piano en Pergamino.[1] También Luciana hacía
sus ajustes como siempre en esas relaciones de gallo ciego,[2]
casi al final me dijo que me había imaginado más alto, con
pelo crespo° y ojos grises; lo del pelo crespo me sobresaltó
porque en ninguno de mis papeles yo me había sentido a mí
mismo con pelo crespo, pero acaso su idea era como una
suma, un amontonamiento de todas las canalladas° y las trai-
ciones de las piezas de Lemos. Se lo comenté en broma° y   200
Luciana dijo que no, los personajes los había visto tal como
Lemos los pintaba pero al mismo tiempo era capaz de igno-
rarlos, de hermosamente quedarse sólo conmigo, con mi voz
y vaya a saber por qué con una imagen de alguien más alto,
de alguien con el pelo crespo.

   Si Bruna hubiera estado aún en mi vida no creo que me
hubiera enamorado de Luciana; su ausencia era todavía demasiado presente, un hueco en el aire que Luciana empezó a llenar sin saberlo, probablemente sin esperarlo. En ella en
cambio todo fue más rápido, fue pasar de mi voz a ese otro   210
Tito Balcárcel de pelo lacio° y menos personalidad que los
monstruos de Lemos; todas esas operaciones duraron apenas
un mes, se cumplieron en dos encuentros en cafés, un tercero en mi departamento, la gata aceptó el perfume y la piel de
Luciana, se le durmió en la falda, no pareció de acuerdo con
un anochecer en que de golpe° estuvo de más, en que debió
saltar maullando° al suelo. La tía Poli se fue a vivir a Pergamino con una hermana, su misión estaba cumplida y Luciana
se mudó a mi casa esa semana; cuando la ayudé a preparar sus
cosas me dolió la falta de la galería cubierta, de la luz ceni-   220
cienta, sabía que no las iba a encontrar y sin embargo había
algo como una carencia, una imperfección. La tarde de la
mudanza la tía Poli me contó dulcemente la módica saga de la
familia, la infancia de Luciana, el novio aspirado para siempre
por una oferta de frigoríficos° de Chicago, el matrimonio con
un hotelero de Primera Junta[3] y la ruptura seis años atrás,
cosas que yo había sabido por Luciana pero de otra manera,
como si ella no hubiera hablado verdaderamente de sí misma
ahora que parecía empezar a vivir por cuenta de otro presen-

---

1. town not far from Buenos Aires
2. blind dates
3. neighborhood of Buenos Aires

230 te, de mi cuerpo contra el suyo, los platitos° de leche a la   *small dishes*
gata, el cine a cada rato, el amor.

Me acuerdo que fue más o menos en la época de *Sangre
en las espigas* cuando le pedí a Luciana que se aclarara° el   *dye lighter*
pelo. Al principio le pareció un capricho de actor, si querés
me compro una peluca, me dijo riéndose, y de paso a vos te
quedaría tan bien una con el pelo crespo, ya que estamos.
Pero cuando insistí unos días después, dijo que bueno, total
lo mismo le daba el pelo negro o castaño, fue casi como si se
diera cuenta de que en mí ese cambio no tenía nada que ver
240 con mis manías de actor sino con otras cosas, una galería
cubierta, un sillón de mimbre. No tuve que pedírselo otra
vez, me gustó que lo hubiera hecho por mí y se lo dije tantas
veces mientras nos amábamos, mientras me perdía en su
pelo y sus senos y me dejaba resbalar° con ella a otro largo   *slide*
sueño boca a boca. (Tal vez a la mañana siguiente, o fue
antes de salir de compras, no lo tengo claro, le junté° el pelo   *gathered*
con las dos manos y se lo até en la nuca,° le aseguré que le   *nape of the neck*
quedaba mejor así. Ella se miró en el espejo y no dijo nada,
aunque sentí que no estaba de acuerdo y que tenía razón, no
250 era mujer para recogerse el pelo, imposible negar que le quedaba mejor cuando lo llevaba suelto antes de aclarárselo,
pero no se lo dije porque me gustaba verla así, verla mejor
que aquella tarde cuando había entrado por primera vez en
la confitería.)

Nunca me había gustado escucharme actuando, hacía mi
trabajo y basta, los colegas se extrañaban de esa falta de vani-
dad que en ellos era tan visible; debían pensar, acaso con
razón, que la naturaleza de mis papeles no me inducía demasiado a recordarlos, y por eso Lemos me miró levantando las
260 cejas° cuando le pedí los discos de archivo de *Rosas de igno-*   *eyebrows*
minia, me preguntó para qué los quería y le contesté cual-
quier cosa, problemas de dicción que me interesaba superar°   *overcome*
o algo así. Cuando llegué con el álbum de discos, Luciana se
sorprendió también un poco porque yo no le hablaba nunca
de mi trabajo, era ella que cada tanto me daba sus impresio-
nes, me escuchaba por las tardes con la gata en la falda.
Repetí lo que le había dicho a Lemos pero en vez de escuchar las grabaciones en otro cuarto traje el tocadiscos al
salón y le pedí a Luciana que se quedara un rato conmigo, yo
270 mismo preparé el té y arreglé las luces para que estuviera
cómoda. Por qué cambiás de lugar esa lámpara, dijo Luciana,

queda bien ahí. Quedaba bien como objeto pero echaba una luz cruda y caliente sobre el sofá donde se sentaba Luciana, era mejor que sólo le llegara la penumbra de la tarde desde la ventana, una luz un poco cenicienta que se envolvía en su pelo, en sus manos ocupándose del té. Me mimás° demasiado, dijo Luciana, todo para mí y vos ahí en un rincón° sin siquiera sentarte.

Desde luego puse solamente algunos pasajes de *Rosas,* el tiempo de dos tazas de té, de un cigarrillo. Me hacía bien 280 mirar a Luciana atenta al drama, alzando a veces la cabeza cuando reconocía mi voz y sonriéndome como si no le importara saber que el miserable cuñado de la pobre Carmencita comenzaba sus intrigas para quedarse con la fortuna de los Pardo, y que la siniestra tarea continuaría a lo largo de tantos episodios hasta el inevitable triunfo del amor y la justicia según Lemos. En mi rincón (había aceptado una taza de té a su lado pero después había vuelto al fondo° del salón como si desde ahí se escuchara mejor) me sentía bien, reencontraba por un momento algo que me había estado fal- 290 tando; hubiera querido que todo eso se prolongara, que la luz del anochecer siguiera pareciéndose a la de la galería cubierta. No podía ser, claro, y corté el tocadiscos y salimos juntos al balcón después que Luciana hubo devuelto la lámpara a su sitio porque realmente quedaba mal allí donde yo la había corrido.° ¿Te sirvió de algo escucharte?, me preguntó acariciándome una mano. Sí, de mucho, hablé de problemas de respiración, de vocales, cualquier cosa que ella aceptaba con respeto; lo único que no le dije fue que en ese momento perfecto sólo había faltado el sillón de mimbre y quizá tam- 300 bién que ella hubiera estado triste, como alguien que mira el vacío antes de continuar el párrafo de una carta.

Estábamos llegando al final de *Sangre en las espigas,* tres semanas más y me darían vacaciones. Al volver de la radio encontraba a Luciana leyendo o jugando con la gata en el sillón que le había regalado para su cumpleaños junto con la mesa de mimbre que hacía juego. No tienen nada que ver con¹ este ambiente, había dicho Luciana entre divertida y perpleja, pero si a vos te gustan a mí también, es un lindo juego y tan cómodo. Vas a estar mejor en él si tenés que 310 escribir cartas, le dije. Sí, admitió Luciana, justamente estoy

spoil
corner

back

moved

---

1. They have nothing to do with; no relation to

en deuda con tía Poli, pobrecita. Como por la tarde tenía
poca luz en el sillón (no creo que se hubiera dado cuenta de
que yo había cambiado la bombilla° de la lámpara) acabó por   *bulb*
poner la mesita y el sillón cerca de la ventana para tejer o
mirar las revistas, y tal vez fue en esos días de otoño, o un
poco después, que una tarde me quedé mucho tiempo a su
lado, la besé largamente y le dije que nunca la había querido
tanto como en ese momento, tal como la estaba viendo,
como hubiera querido verla siempre. Ella no dijo nada, sus
320 manos andaban por mi pelo despeinándome,° su cabeza se   *disarranging (hair)*
volcó sobre mi hombro y se estuvo quieta, como ausente.
¿Por qué esperar otra cosa de Luciana, así al filo del atarde-
cer°? Ella era como los sobres lila, como las simples, casi   *edge of dusk*
tímidas frases de sus cartas. A partir de ahora me costaría
imaginar que la había conocido en una confitería, que su
pelo negro suelto había ondulado como un látigo en el
momento de saludarme, de vencer la primera confusión del
encuentro. En la memoria de mi amor estaba la galería
330 cubierta, la silueta en un sillón de mimbre distanciándola de
la imagen más alta y vital que de mañana andaba por la casa o
jugaba con la gata, esa imagen que al atardecer entraría una y
otra vez en lo que yo había querido, en lo que me hacía
amarla tanto.
　　　Decírselo, quizá. No tuve tiempo, pienso que vacilé
porque prefería guardarla así, la plenitud era tan grande que
no quería pensar en su vago silencio, en una distracción que
no le había conocido antes, en una manera de mirarme por
momentos como si buscara algo, un aletazo° de mirada   *quiver*
340 devuelta en seguida a lo inmediato, a la gata o a un libro.
También eso entraba en mi manera de preferirla, era el clima
melancólico de la galería cubierta, de los sobres lila. Sé que
en algún despertar en la alta noche, mirándola dormir contra mí, sentí que había llegado el tiempo de decírselo, de
volverla definitivamente mía por una aceptación total de mi
lenta telaraña enamorada. No lo hice porque Luciana dormía, porque Luciana estaba despierta, porque ese martes
íbamos al cine, porque estábamos buscando un auto para las
vacaciones, porque la vida venía a grandes pantallazos°   *screenings*
350 antes y después de los atardeceres en que la luz cenicienta
parecía condensar su perfección en la pausa del sillón de
mimbre. Que me hablara tan poco ahora, que a veces volviera a mirarme como buscando alguna cosa perdida, retar-

downtown

rub

daban en mí la oscura necesidad de confiarle la verdad, de explicarle por fin el pelo castaño, la luz de la galería. No tuve tiempo, un azar de horarios cambiados me llevó al centro° un fin de mañana, la vi salir de un hotel, no la reconocí al reconocerla, no comprendí al comprender que salía apretando el brazo de un hombre más alto que yo, un hombre que se inclinaba un poco para besarla en la oreja, para fro- 360 tar° su pelo crespo contra el pelo castaño de Luciana.

EXPRESIONES

al borde de un precipicio: en situación desesperada

choque de temperamentos: confrontación

como buscando una cosa perdida: desorientado

con todas las de la ley: como se debe

de veras: de verdad

ahí nomás: ahí cerca

relación de gallo ciego: cita con un desconocido

romper el alma: matar

salir de pesca: (Argentina) buscar muchachas

tener que ver con: relacionarse

PREGUNTAS

1. ¿Quién es el narrador del cuento?

2. ¿Cuál es su profesión? ¿Qué papeles desempeña en las radionovelas?

3. ¿Por qué utiliza Julio Cortázar a ese personaje como voz narrativa?

4. ¿Quién es Lemos?

5. ¿Cómo se imagina el narrador a Luciana? ¿Cómo imagina la casa de ella?

6. ¿Por qué responde el narrador a la primera carta de Luciana?

7. ¿Qué revelan las cartas de Luciana?

8. ¿Dónde y con quién vive Luciana cuando conoce al narrador? Describa la vida de Luciana antes de conocer a Tito Balcárcel.

9. ¿Cuándo y cómo se conocen los protagonistas? ¿Cuándo comienzan a vivir juntos?

10. ¿Por qué le pide el narrador a Luciana que se aclare el pelo? ¿Qué simboliza ese acto?

11. ¿Qué pensamientos obsesionan al narrador luego de su encuentro con Luciana?

12. ¿Cómo combina Julio Cortázar el deseo y los encuentros de la vida real? ¿Qué relación hay entre la imaginación y la realidad en el cuento?

13. ¿Por qué no triunfa la relación entre el narrador y Luciana?

14. ¿Por qué abandona Luciana al narrador?

15. ¿Cómo se explica el final: Luciana con otro hombre?

PARA COMENTAR Y ESCRIBIR

1. ¿Por qué es el título del cuento "Cambio de luces"?

2. ¿Podría Ud. encontrar títulos mejores para el cuento? ¿Cuáles?

3. ¿Podría contarse el cuento desde otra perspectiva? ¿Qué ganaría y qué perdería el lector?

4. Describa la personalidad del narrador. ¿Cómo es? ¿Cómo razona? ¿Qué quiere de la vida?

5. Analice la personalidad de los actores de televisión y de los locutores de radio. ¿Qué los distingue?

6. ¿Es ésta una historia de amor típica? ¿Tiene elementos trágicos? ¿Cuáles son? ¿Tiene elementos cómicos?

7. ¿Hay algo indiscutiblemente latinoamericano en "Cambio de luces"? ¿Qué es?

8. ¿Cuáles son los elementos estrictamente argentinos del cuento?

9. Comente los temas del amor y el egoísmo. ¿Cómo aparecen representados en el cuento?

10. Los cambios de voz narrativa caracterizan el estilo de Cortázar. Indique cuál es el efecto que producen estos cambios en "Cambio de luces."

11. ¿Qué otras características estilísticas del estilo de Cortázar puede señalar?

12. ¿Cuál es la actitud de Luciana ante los pedidos del narrador? ¿Cree usted que la actitud de la protagonista refleja la "pasividad" femenina? Explique su respuesta.

Elena Poniatowska

MÉXICO

A Mexican novelist, editor, journalist, and critic, Elena Poniatowska was born in Paris in 1933, the daughter of a Polish count and a well-to-do Mexican. She came to Mexico at the age of ten with her father, and has lived there ever since. In *La noche de Tlatelolco* (1971), about the 1968 massacre of some three hundred students gathered at Tlatelolco Square to protest government repression, she offered, through the use of collage and the dramatic montage of first-person accounts, a shocking view of one of Mexico's epoch-making historical events. Poniatowska is also the author of *Hasta no verte, Jesus mío* (1962), *Los cuentos de Lilus Kikus* (1967), *Gaby Brimmer* (1979), and *Querido Diego, te abraza Quiela* (1978), about a love affair between Diego Rivera and a European painter. *Flor de lis* (1988), subtitled "a novel," is the story of a Mexican family that might have been Poniatowska's own. In a vast retrospective that goes back to World War II, the narrator, Mariana, sketches the family's return to Mexico and the childhood of two dissimilar sisters. *Tinísima,* published in 1992, is a biographical novel about the life and art of Tina Modotti, a prominent left-wing Italian photographer who lived in Mexico for many years in the thirties and befriended painters Rivera and Frida Kahlo. Poniatowska's books combine the style of investigative journalism with the imagination of a fiction writer. The author has lectured extensively in the United States and Europe, and is a frequent contributor to Mexican newspapers and magazines like *Unomásuno, La Jornada,* and *Nexos.* She has become a writer identified with the voice of the Mexican people. "La casita de sololoi" is part of *De noche vienes* (1979). The protagonist of this short story is trying to escape her daily and unhappy reality. Her voyage is primarily an individual one, an escape that puts her in touch with her lost sense of self. It is a pessimistic story showing some of the frustrations of family life and we see in it the author's particular interest in conveying the experiences of women.

Criticism

Erro-Orthman, Nora and Silva Velázquez, Claridad. *Puerta abierta. La nueva escritora latinoamericana*. México: Joaquín Mortiz, 1986.

Franco, Jean. *Plotting Women: Gender and Representation in Mexico*. New York: Columbia University Press, 1989.

García Pinto, Magdalena. "Entrevista con Elena Poniatowska," in *Historias íntimas*. Hanover, New Hampshire: Ediciones del Norte, 1988.

Gold, Janet N. "Elena Poniatowska: The Search for Authentic Language," *Discurso Literario* 6, 1 (Fall 1988): 181–91.

Lagos-Pope, María Inés, "El testimonio creativo de *Hasta no verte Jesús mío*," *Revista Iberoamericana*, no. 150 (January–March 1990).

Lemaitre, Monique, "Jesusa Palancares y la dialéctica de la emancipación femenina," in *Texturas, Ensayos de crítica literaria*. México: Oasis, 1986.

Steele, Cynthia. "Elena Poniatowska," *Hispamérica* 18, 53–54 (August–December 1989): 89–105.

La casita de sololoi[1]

—Magda, Magda, ven acá.

Oyó las risas infantiles en la sala y se asomó por la escalera.

—Magda, ¿no te estoy hablando?

Aumentaron las risas burlonas o al menos así las escuchó.

—Magda, ¡sube inmediatamente!

"Salieron a la calle —pensó— esto sí que ya es demasiado" y descendió de cuatro en cuatro la escalera, cepillo en mano. En el jardín las niñas seguían correteándose° como si nada, el pelo de Magda volaba casi transparente a la luz del primer sol de la mañana, un papalote° tras de ella, eso es lo que era, un papalote leve, quebradizo.° Gloria en cambio, con sus chinos cortos° y casi pegados al cráneo° parecía un muchacho y Alicia nada tenía del país de las maravillas: sólo llevaba puesto el pantalón de su pijama arrugadísimo entre   10

racing each other

kite

brittle

short hairs / skull

---

1. The little house of celluloid; *sololoi* (celluloid) refers to Hollywood films and the images they project of "the dream house."

las piernas y seguramente oliendo a orines. Y descalza,° *barefoot*
claro, como era de esperarse.

—¿Que no entienden? Me tienen harta.

Se les avento° encima. Las niñas se desbandaron, la *thrown out*
esquivaban° entre gritos. Laura fuera de sí alcanzó a la del *stern*
20 pelo largo y delgado y con una mano férrea° prendida a su *iron*
brazo la condujo de regreso a la casa y la obligó a subir la
escalera.

—¡Me estás lastimando!

—Y ¿tú crees que a mí no me duelen todas tus desobe-
diencias? —En el baño la sentó de lado sobre el excusado.° *toilet*
El pelo pendía° lastimero sobre los hombros de la niña. *hung*
Empezó a cepillarlo.

—¡Mira nada más cómo lo tienes de enredado°! *tangled*

A cada jalón° la niña metía la mano, retenía una mecha° *tug / lock of hair*
30 impidiendo que la madre prosiguiera, había que trenzarlo,° si *braid it*
no, en la tarde estaría hecho una maraña de nudos.° Laura *tangle*
cepilló con fuerza: "¡Ay, ay mamá, ya, me duele!" La madre
siguió, la niña empezó a llorar, Laura no veía sino el pelo que
se levantaba en cortinas interrumpidas por nudos; tenía que
trozarlo° para deshacerlos, los cabellos dejaban escapar leví- *divide it*
simos quejidos,° chirriaban° como cuerdas que son atacadas *moans / squeaked*
arteramente° por el arco pero Laura seguía embistiendo° una *artfully / attacking*
y otra vez, la mano asida al cepillo, las cerdas bien abiertas
abarcando una gran porción de cabeza, zas, zas, zas, a dale y
40 dale sobre el cuero cabelludo.° Ahora sí, en los sollozos de *scalp*
su hija, la madre percibió miedo, un miedo que sacudía los
hombros infantiles y picudos.° La niña había escondido su *pointed*
cabeza entre sus manos y los cepillazos caían más abajo, en
su nuca, sobre sus hombros. En un momento dado pretendió escapar, pero Laura la retuvo con un jalón definitivo,
seco, viejo, como un portazo y la niña fue recorrida por un
escalofrío.° Laura no supo en qué instante la niña volteó a *chill*
verla y captó su mirada de espanto que la acicateó como una
espuela¹ a través de los párpados, un relámpago rojo que
50 hizo caer los cepillazos desde quién sabe dónde, desde todos
esos años de trastes° sucios y camas por hacer y sillones des- *dishes*
fundados,° desde el techo descascarado:° proyectiles de *without covers / peeled*
cerda negra y plástico rosa transparente que se sucedían con
una fuerza inexplicable, uno tras otro, a una velocidad que

---

1. that incited her like a spur

Laura no podía ni quería controlar, uno tras otro zas, zas, zas, zas, ya no llevaba la cuenta, el pelo ya no se levantaba como cortina al viento, la niña se había encorvado totalmente y la madre le pegaba en los hombros, en la espalda, en la cintura. *sail of a windmill* Hasta que su brazo adolorido, como un aspa° se quedó en el aire y Laura sin volverse a ver a su hija bajó la escalera co- 60 rriendo y salió a la calle con el brazo todavía en alto, su mano *boar's bristles* coronada de cerdas de jabalí.°

Entonces comprendió que debía irse.

✳✳✳

Sólo al echarse a andar, Laura logró doblar el brazo. Un *drew* músculo jalaba° a otro, todo volvía a su lugar y caminó resueltamente, si estaba fuera de sí no se daba cuenta de ello, apenas si notó que había lágrimas en su rostro y las secó con el dorso de la mano sin soltar el cepillo. No pensaba en su hija, no pensaba en nada. Debido a su estatura sus pasos no *join in* eran muy largos; nunca había podido acoplarse° al ritmo de 70 *stride* su marido cuyos zancos° eran para ella desmesurados. Salió *lawn* de su colonia y se encaminó hacia el césped° verde de otros jardines que casi invadían la banqueta protegidos por una precaria barda de juguetería. Las casas, en el centro del césped, se veían blancas, hasta las manijas de la puerta brillaban al sol, cerraduras redondas, pequeños soles a la medida exacta de la mano, el mundo en la mano de los ricos. Al lado de *spotless* la casa impoluta,° una réplica en pequeño con techo rojo de asbestolit: la casa del perro, como en los "House Beautiful," "House and Garden," "Ladies' Home Journal"; qué casitas tan 80 *so cute / shutters* cuquitas,° la mayoría de las ventanas tenían persianas° de rendijas verdes de esas que los niños dibujan en sus cuadernos, y las persianas le hicieron pensar en Silvia, en la doble protección de su recámara.

"Pero si por aquí vive." Arreció el paso.[1] En un tiempo no se separaban ni a la hora de dormir puesto que eran "roomates." Juntas hicieron el High School en Estados Unidos. ¡Silvia! Se puso a correr, sí, era por aquí en esta cua- *city block* dra,° no, en la otra, o quizás allá al final de la cuadra a la derecha, qué parecidas eran todas estas casas con sus garages a 90 un lado, su casita del perro y sus cuadriláteros de césped fresco, fresco como la pausa que refresca. Laura se detuvo

---

1. She hastened her pace.

frente a una puerta verde oscuro brillantísima y sólo en el
momento en que le abrieron recordó el cepillo y lo aventó
cerdas arriba a la cuneta,° al agua que siempre corre a la ori-　*gutter*
lla de las banquetas.°　*sidewalk*

***

"Yo te había dicho que una vida así no era para ti, una
mujer con tu talento, con tu belleza. Bien que me acuerdo
cómo te sacabas los primeros lugares en los 'Essay Contests.'
100　Escribías tan bonito. Claro, te veo muy cansada y no es para
menos con esa vida de perros[1] que llevas, pero un buen
corte de pelo y una mascarilla te harán sentirte como nueva,
el azul siempre te ha sentado, hoy precisamente doy una
comida y quiero presentarte a mis amigos, les vas a encantar,[2]
¿te acuerdas de Luis Morales? Él me preguntó por ti mucho
tiempo después de que te casaste y va a venir, así es de que
tú te quedas aquí, no, no, tú aquí te quedas, lástima° que　*pity*
mandé al chofer por las flores pero puedes tomar un taxi y
yo más tarde, cuando me haya vestido te alcanzaré en el
110　salón de belleza. Cógelo Laurita, por favor ¿qué no somos
amigas? Laura yo siempre te quise muchísimo y siempre
lamenté tu matrimonio con ese imbécil, pero a partir de hoy
vas a sentirte otra, anda Laurita, por primera vez en tu vida
haz algo por ti misma, piensa en lo que eres, en lo que han
hecho contigo."

Laura se había sentido bien mirando a Silvia al borde de
su tina de mármol. Qué joven y lozana° se veía dentro del　*fresh*
agua y más cuando emergió para secarse exactamente como
lo hacía en la escuela, sin ningún pudor,° contenta de ense-　*modesty*
120　ñarle sus músculos alargados, la tersura° de su vientre,° sus　*smoothness / belly*
nalgas° duras, el triángulo perfecto de su sexo, los nudos　*buttocks*
equidistantes de su espina dorsal, sus axilas rasuradas, sus
piernas morenas a fuerza de sol, sus caderas° eso sí un poqui-　*hips*
tito más opulentas pero apenas. Desnuda frente al espejo se
cepilló el pelo, sano y brillante. De hecho todo el baño era
un anuncio; enorme, satinado como las hojas del Vogue, las
cremas aplíquese en pequeños toquecitos con la yema de los
dedos° en movimientos siempre ascendentes, almendras dul-　*fingertips*
ces, conservan la humedad natural de la piel, aroma fresco

---

1. dog's life
2. you are going to charm them

como el primer día de primavera, los desodorantes en aero- 130
sol, sea más adorable para él, el herbalessence verde que
contiene toda la frescura de la hierba del campo, de las flores
silvestres, los ochos cepillos de la triunfadora, un espejo
redondo amplificador del alma, algodones, lociones humec-
moisturizing / blow dryer   tantes,° secadorpistola°—automática—con tenaza—cepillo—
dos peines, todo ello al alcance de la mano, en torno a la
alfombra peluda y blanca, osa, armiño desde la cual Silvia le
comunicó: "A veces me seco rodando sobre ella, por jugar y
también para sentir." Laura sintió vergüenza al recordar que
pubic hair   no se había bañado, pensó en la vellonería° enredada de su 140
breasts   propio sexo, en sus pechos° a la deriva, en la dura corteza de
sus talones; pero su amiga, en un torbellino un sin fin de
palabras verdadero rocío de la mañana, toallitas limpiadoras,
suavizantes, la tomó de la mano y la guió a la recámara y
siguió girando frente a ella envuelta a la romana en su gran
foamy towel   toalla espumosa,° suplemento íntimo, benzal para la higiene
femenina, cuídese, consiéntase, introdúzcase, lo que sólo
nosotras sabemos: las sales, la toalla de mayor absorbencia,
lo que sólo nosotras podemos darnos, y Laura vio sobre la
cama, una cama anchurosa que sabía mucho de amor, un 150
nightgown / kitsch   camisón° de suaves abandonos ¡qué cursi,° qué ricamente
robe / tray   cursi! y una bata° hecha bola, la charola° del desayuno, el
periódico abierto en la sección de Sociales. Laura nunca
había vuelto a desayunarse en la cama, es más la charola yacía
arrumbada en el cuarto de los trebejos.[1] Sólo le sirvió a
scarlet fever / dirty brat   Gloria cuando le dio escarlatina° y la cochina mocosa° siempre se las arregló para tirar su contenido sobre la sábana.
Ahora, al bajar la escalera circular también hollywoodense
sweet pancakes   —miel sobre hojuelas°— de Silvia, recordaba sus bajadas y
subidas por otra, llevándole la charola a Gloria, pesada por 160
china / hindering   toda aquella loza° de Valle de Bravo tan estorbosa° que ella
escogió en contra de la de melamina y plástico—alta—resis-
tencia, que Beto proponía. ¿Por qué en su casa estaban siem-
closets   pre abiertos los cajones, los roperos° también, mostrando ropa
haphazardly   colgada quién sabe cómo, zapatos apilados al aventón°? En
casa de Silvia, todo era etéreo, bajaba del cielo.

En la calle, Laura caminó para encontrar un taxi, atravesó
de nuevo su barrio y por primera vez se sintió superior a la
gente que pasaba junto a ella. Sin duda alguna había que irse

---

1. the back room, where unused things are put.

170 para triunfar, salir de este agujero, de la monotonía tan espesa como la espesa sopa de habas que tanto le gustaba a Beto.
Qué grises y qué inelegantes le parecían todos, qué triste-
mente presurosos. Se preguntó si podría volver a escribir
como lo hacía en el internado,° si podría poner todos sus   *boarding school*
sentimientos en un poema por ejemplo, si el poema sería
bueno, sí, lo sería, por desesperado, por original, Silvia siempre le había dicho que ella era eso: o-ri-gi-nal, un buen tinte
de pelo° haría destacar sus pómulos° salientes, sus ojos gri-   *hair dye / cheekbones*
ses deslavados° a punta de calzoncillos, sus labios todavía   *faded*
180 plenos, los maquillajes hacen milagros. ¿Luis Morales? Pero
claro, Luis Morales tenía una mirada oscura y profunda,
oriental seguramente y Laura se sintió tan suya cuando la
tomó del brazo y estiró su mano hacia la de ella para condu-
cirla en medio del sonido de tantas voces —las voces siem-
pre la marearon°—, a un rincón apartado ¡ay Luis, qué gusto   *make her dizzy*
me da! sí soy yo, al menos pretendo ser la que hace años ena-
moraste ¿van a ir en grupo a Las Hadas[1] el próximo weekend?
pero claro que me encantaría, hace años que no veleo,° en   *go sailing*
un barco de velas y a la mar me tiro, adentro y adentro y al
190 agua contigo, sí Luis me gusta asolearme, sí Luis, el daikiri es
mi favorito, sí Luis, en la espalda no alcanzo, ponme tú el sea-
and-ski, ahora yo a ti, sí Luis, sí...
Laura pensaba tan ardientemente que no vio los taxis
vacíos y se siguió de largo frente al sitio de alquiler indicado
por Silvia. Caminó, caminó, sí, podría ser una escritora, el
poema estaba casi hecho, su nombre aparecería en los periódicos, tendría su círculo de adeptos y hoy en la comida, Silvia
se sentiría orgullosa de ella porque nada de lo de antes se le
había olvidado, ni las rosas de talle larguísimo,° ni las copas   *long-stem*
200 centellantes,° ni los ojos que brillan de placer, ni el cham-   *sparkling*
pagne, ni la espalda de los hombres dentro de sus trajes bien
cortados,° tan distinta a la espalda enflanelada y gruesa° que   *well fitted / thick*
Beto le daba todas las noches, un minuto antes de desplomar-
se° y dejar escapar el primer ronquido, el estertor, el ruido   *collapsing*
de vapor que echaba: locomotora vencida que se asienta
sobre los rieles al llegar a la estación.
De pronto, Laura vio muchos trenes bajo el puente que
estaba cruzando; sí, ella viajaría, seguro viajaría, Iberia,[2] el

---

1. Mexican resort
2. Spanish airline company

asiento reclinable, la azafata° junto a ella ofreciéndole un
whisky, qué rico, qué sed, el avión atravesando el cielo azul 220
como quien rasga° una tela, así cortaba ella las camisas de los
hijos, el cielo rasgado por el avión en que ella viajaría, el con-
cierto de Aranjuez en sus oídos, España, agua, tierra fuego,
desde los techos de España encalada y negra, en España los
hombres piropean° mucho a las mujeres ¡guapa! qué feo era
México y qué pobre y qué oscuro con toda esa hilera de casu-
chas negras, apiñadas allá en el fondo del abismo, los calzones
en el tendedero, toda esa vieja ropa cubriéndose de polvo y
hollín° y tendida a toda esa porquería° de aire que gira en
torno a las estaciones de ferrocarril, aire de diesel, enchapo- 230
potado,° apestoso,° qué endebles° habitaciones, cuán frágil la
vida de los hombres que se revolcaban allá abajo mientras ella
se dirigía el Beauty Shop del Hotel María Isabel pero ¿por qué
estaba tan endiabladamente lejos el salón de belleza? Hacía
mucho que no se veían grandes extensiones de pasto con
casas al centro, al contrario: ni árboles había. Laura siguió
avanzando, el monedero° de Silvia fuertemente apretado en la
mano, primero el cepillo, ahora el monedero. No quiso acep-
tar una bolsa, se había desacostumbrado,° le dijo a su amiga,
sí claro, se daba cuenta que sólo las criadas usan monedero, 240
pero el paso del monedero a la bolsa lo daría después, con el
nuevo peinado. Por lo pronto había que ir poco a poco, recu-
perarse con lentitud como los enfermos que al entrar en con-
valecencia dan pasos cautelosos para no caerse. La sed la
atenazó° y al ver un Sanborn's¹ se metió, al fin Ladies Bar, en
la barra sin más pidió un whisky igual al del Iberia, qué sed,
sed, saliva, semen, sí, su saliva ahora seca en su boca se volve-
ría semen, crearía al igual que los hombres, igual que Beto
quien por su solo falo y su semen de ostionería se sentía
Tarzán, el rey de la creación, Dios, Santa Clos, el señor presi- 250
dente, quién sabe qué diablos quién, qué sed, qué sed, debió
caminar mucho para tener esa sed y sentir ese cansancio pero
se le quitaría con el champú de cariño, y a la hora de la comida sería emocionante ir de un grupo a otro, reírse, hablar con
prestancia del libro de poemas a punto de publicarse, el azul
le va muy bien, el azul siempre la ha hecho quererse a sí
misma, ¿no decía el siquiatra en ese artículo de *Kena*² que el

Glosses (left margin):
- stewardess
- tears
- compliment
- soot / dirty
- cloudy / stinking / frail
- purse
- unaccustomed
- tortured her

---

1. famous Mexican chain of coffee shops
2. Mexican women's magazine

primer indicio° de salud mental es empezar a quererse a sí   *sign*
mismo? Silvia le había enseñado sus vestidos azules. El
260 segundo whisky le sonrojó° a Laura las mejillas, al tercero des-   *made her blush*
cansó y un gringo se sentó junto a ella en la barra y le ofreció
la cuarta copa. "Y eso que no estoy peinada" pensó agradecida. En una caballeriza extendió las piernas, para eso era el
asiento de enfrente ¿no? y se arrellano.° "Soy libre, libre de   *sprawled out*
hacer lo que me dé la gana."

Ahora sí el tiempo pasaba con lentitud y ningún pensamiento galopaba dentro de su cabeza. Cuando salió del Sanborn's estaba oscureciendo y ya el regente había mandado
prender las larguísimas hileras° de luz neón del circuito inte-   *rows*
270 rior. A Laura le dolía el cuerpo, y el brazo en alto, varado° en   *standing*
el aire llamó al primer taxi, automáticamente dio la dirección
de su casa y al bajar le dejó al chofer hasta el último centavo
que había en el monedero. "Tome usted también el monedero." Pensó que el chofer se parecía a Luis Morales o a lo que
ella recordaba que era Luis Morales. Como siempre, la puer-
ta de la casa estaba emparejada° y Laura tropezó con el trici-   *leveled*
clo de una de las niñas, le parecieron muchos los juguetes
esparcidos en la sala, muchos y muy grandes, un campo de
juguetes, de caminar entre ellos le llegarían al tobillo.° Un   *ankle*
280 olor de tocino° invadía la estancia y desde la cocina vio los   *bacon*
trastes apilados en el fregadero.° Pero lo que más golpeó a   *sink*
Laura fue su retrato de novia parada junto a Beto. Beto tenía
unos ojos fríos y ella los miró con frialdad y le respondieron
con la misma frialdad. No eran feos pero había en ellos algo
mezquino,° la rechazaban y la desafiaban a la vez, sin ningu-   *stingy*
na pasión, sin afán, sin aliento; eran ojos que no iban a ninguna parte, desde ese sitio podía oír lo que anunciaba Paco
Malgesto[1] en la televisión, los panquecitos° Bimbo, eran muy   *small pancakes*
delgadas las paredes de la casa, se oía todo y al principio
290 Laura pensó que era una ventaja porque así sabría siempre
dónde andaban los niños. Casi ninguno volvió la cabeza
cuando entró al cuarto de la televisión imantados como estaban por el Chavo del 8.[2] El pelo de Magda pendía lastimero y
enredado como siempre, la espalda de Beto se encorvaba°   *curved*
abultadísima en los hombros —hay hombres que envejecen
allí precisamente, en el cuello, como los bueyes—, Gloria y

---

1. Mexican talk-show host
2. magnetized by the character on the TV program

worn out
spotted

the nuptial bed

skate

rinsed

pile up

rubber

fly (of trousers)

hauled

winding down

Alicia se habían tirado de panza[1] sobre la alfombra raída° y manchada,° descalzas, claro.   Ninguno pareció prestarle la menor atención.   Laura entonces se dirigió a la recámara que nadie había hecho y estuvo a punto de aventarse con todo y 300 zapatos sobre el lecho nupcial° que nadie había tendido, cuando vio un calcetín en el andén y sin pensarlo lo recogió y buscó otro más abajo y lo juntó al primero: "¿Serán el par?".   Recogió el suéter de Jorgito, la mochila de Quique, el patín° de Betito, unos pañales impregnados con el amoniaco de orines viejos y los llevó al baño a la canasta de la ropa sucia; ya a Alicia le faltaba poco para dejar los pañales y entonces esa casa dejaría de oler a orines; en la tina vio los patos de plástico de Alicia, el buzo de Jorgito, los submari- nos, veleros y barcos, un jabón multicolor e informe com- 310 puesto por todos los pedazos de jabón que iban sobrando y se puso a tallar el aro de mugre que sólo a ella le preocupa- ba.   Tomó los cepillos familiares en el vaso dentífrico y los enjuagó;° tenían pasta acumulada en la base.   Empezó a subir y bajar la escalera tratando de encontrarle su lugar a cada cosa.   ¿Como pueden amontonarse° en tan poco espacio tan- tos objetos sin uso, tanta materia muerta?   Mañana habría que aerear los colchones, acomodar los zapatos, cuántos; de fútbol, tenis, botas de hule,° sandalias, hacer una lista, el miércoles limpiaría los roperos, sólo limpiar los trasteros de 320 la cocina le llevaría un día entero, el jueves la llamada biblio- teca en que ella alguna vez pretendió escribir e instalaron la televisión porque en esa pieza se veía mejor, otro día entero para remendar suéteres, poner elástico a los calzones, coser botones, sí, remendar esos calcetines caídos en torno a los tobillos, el viernes para...

Beto se levantó, fue al baño, sin detenerse siquiera a cerrar bien la puerta orinó largamente y al salir, la mano toda- vía sobre su braqueta,° Laura sostuvo por un instante la frial- dad de su mirada y su corazón se apretó al ver el odio que 330 expresaba.   Luego dio media vuelta y arrió° de nuevo su cuer- po hacia el cuarto de la televisión.   Pronto los niños se aburri- rían y bajarían a la cocina: "Mamá, a medio día casi no comimos".   Descenderían caracoleando,° ya podían oírse sus cascos en los peldaños, Laura abriría la boca para gritar pero no saldría sonido alguno, buscaría con qué defenderse, trata-

---

1. lying on their bellies

ría de encontrar un cuchillo, algo para protegerse pero la cer-
carían: "Mamá, quiero un huevo frito y yo hotcakes y yo una
sincronizada y yo otra vez tocino", levantarían hacia ella sus
340 alientos de leche,° sus manos manchadas de tinta y la boca de   *milk breath*
Laura se desharía en una sonrisa y sus dedos hechos puño, a
punto de rechazarlos, engarrotados° y temblorosos se abrirían   *numbed*
uno a uno jalados por los invisibles hilos del titiritero,° lenta,   *puppeteer*
blandamente, oh qué cansinamente.°   *how tediously*

EXPRESIONES

arreciar el paso: apresurarse

cansinamente: de manera agobiada,
   cansada por el trabajo

los dedos hechos puño: la mano cerrada

irle bien a uno: tener éxito

poco a poco: con lentitud

ponerse a correr: comenzar a correr

tirarse de panza: acostarse con el estómago
   hacia abajo

vida de perros: mala vida

PREGUNTAS

1. Explique el título. ¿Con qué podemos relacionarlo?
2. Describa la escena del comienzo. ¿Quiénes son los personajes que dialo-
   gan? ¿Qué situación refleja esta escena inicial?
3. Describa la conducta de los niños y de la madre.
4. ¿Por qué decide marcharse Laura?
5. ¿A dónde va la protagonista? ¿En qué piensa cuando sale de su casa?
6. ¿Cómo es el barrio donde se encuentra Laura después de que se aleja de su
   casa?
7. ¿Quién vive allí?
8. ¿Quién es Silvia? ¿Cómo conoce a la protagonista?
9. Contraste la vida de Silvia con la de Laura. ¿Cómo es el mundo de Silvia?
10. ¿Cómo reacciona Laura? ¿Qué representan para ella los jabones y cosméti-
    cos en el aseo personal de su amiga?
11. ¿Cuál es el simbolismo de la escena entre las dos amigas? ¿Se trata de una
    experiencia sensual?
12. ¿Quién es Luis Morales?
13. ¿Por qué toma un taxi la protagonista? ¿Quién le da el dinero?
14. ¿Cómo se llama el marido de Laura? ¿Qué piensa Laura de él?
15. ¿Dónde bebe sus whiskeys la protagonista?

16. ¿Por qué dice Laura: "Soy libre de hacer lo que me da la gana"? Esta afirmación, ¿es verdadera?

17. ¿Por qué y cuándo regresa a su casa la protagonista?

18. Describa lo que Laura ve cuando regresa a su casa. ¿Qué hacen los niños? ¿Cómo está su marido?

19. Explique el final del cuento. ¿Por qué se menciona al titiritero?

PARA COMENTAR Y ESCRIBIR

1. ¿Cuál es el tema central de "La casita de sololoi"?

2. Relacione el título con el tema principal del cuento.

3. ¿A qué se deben la infelicidad y frustación de Laura? ¿Cree usted que esto es algo común en nuestra sociedad?

4. ¿Cómo trata Laura de escapar de su estado de angustia y tristeza? Mencione otras formas de escape comunes en nuestra sociedad.

5. ¿Cree usted que el viaje o los viajes de Laura son verdaderos o sólo producto de su fantasía? ¿Qué hubiera pasado si la protagonista no hubiera salido de su casa?

6. ¿Cree usted que el tema de la mujer insatisfecha es común en nuestra época? Dé ejemplos concretos.

7. La frustración de las mujeres, tal como aparece en las novelas del siglo XIX, se resolvía con el adulterio y esto generalmente las llevaba al suicidio. ¿Cree usted que hoy en día la mujer tiene otras posibilidades?

8. Describa la situación económica y social de la protagonista y explique cómo influye esta situación en la vida de Laura.

9. ¿Piensa usted que la autora tiene una intención explícita al tratar el tema femenino del modo en que lo hace? Explique el punto de vista narrativo.

10. ¿Cree usted que el cine tiene una influencia positiva o negativa en "La casita de sololoi"?

11. ¿Considera usted el regreso de Laura como el de una aceptación o resignación pasiva? ¿Está de acuerdo con las ideas del feminismo actual?

12. ¿Cómo aparece en el cuento el tema de la escritura?

13. Discuta el tema de la búsqueda de una realización imaginaria o ideal de la identidad femenina en el cuento.

Ilán Stavans

MÉXICO

Ilán Stavans, a novelist and critic born in Mexico in 1961, left that country at the age of 25 to move to New York City, where he lived for eight years before settling in Amherst, Massachusetts. He has taught at Columbia University, The City University of New York, and Amherst College. His books include *Imagining Columbus: The Literary Voyage* (1993), winner of the Bernard M. Baruch Presidential Excellence in Scholarship Award, and two anthologies: *Growing Up Latino: Memoirs and Stories* (1993) and *Tropical Synagogues; Short Stories by Jewish–Latin American Writers* (1994). Stavans has also published extensively in Spanish. *Talia y el cielo,* a novel that won the 1992 Latino Literature Prize, tells about a Canadian Jewish woman who becomes involved in a coup d'etat south of the Rio Grande. His collection of stories *La pianista manca* (1992), which received that year's Gamma Literature Prize in Spain, is the source of the narrative in this anthology. In addition, Stavans has written two volumes of essays, *Prontuario* (1992) and *La pluma y la máscara* (1993), and a study of detective fiction, *Anti-héroes* (1993). He has trans- lated Felipe Alfau's poetry into English (*Sentimental Songs/La poesía cursi* [1992]), and is the author of *The Hispanic Condition* (1994), a volume on Hispanic culture in the U.S. His style, which incorporates Jewish symbols and motifs, is influenced by Borges, Kafka, and Cortázar. In "La pianista manca" Stavans presents a psychological analysis of the obsessions of a trauma victim and the desperate search of the protagonist Malvina for an experience that will help her transcend the limits of a personal tragedy.

Criticism

Gazarian Gautier, Marie-Lise. "Ilán Stavans. A Character Among His Characters," *Brújula/Compass* 14 (July 1992): 7.

Guzmán, Patricia. "Escribir por culpa de Dios," *Imagen* (Venezuela) 100-189 (May 1992): 4–6.

Pakravan, Saïdeh. "The Writer in Exile. An Interview with Ilán Stavans," *The Literary Review* 37: 1 (Fall 1993): 43–55.

Schiminovich, Flora. "La pianista manca," *Revista Hispánica Moderna,* XLVI,1 (June 1993): 222–24.

Varderi, Alejandro. "Conversación con Ilán Stavans," *Brújula/Compass* (November–December 1991): 17–18.

La pianista manca[1]

a Danilo Kis, maestro
q.e.p.d.[2]

Ayer al despertarse supo que Dios estaba en la cocina.   Era una de esas certezas indescriptibles que se apoderaban de ella y de las que, mal que bien,° se había acostumbrado a desconfiar. Una intuición le decía que esta vez estaba allí, seguro. Que si se levantaba de la cama e iba en su busca, lo encontraría. No como una presencia humana, no. Lo hallaría como un olor, un profundo aroma a olivo. ¿Debía levantarse? ¿Cuántas veces se despertaba con un dolor y se daba cuenta más tarde que éste no existía? ¿Cuántas le había mentido su propia certidumbre°? Las cobijas° al menos la protegían. Estaba indecisa. Sí, podía bajar y comprobar que todo era un engaño,° que tal aroma no existía. O bien, podía quedarse en la cama. 10

"Dios no existe." Esdras decía que Dios no existe. Al menos no el Dios omnipotente y promotor de religiones violentas, el Todopoderoso[3] que da y arrebata° sin explicar por qué. "Hay otro," afirmaba, "uno que vive entre los objetos,

willingly or unwillingly

certainty / blankets

deceit

snatches

---

1. missing a hand; one–handed
2. q.e.p.d. = que en paz descanse
3. Almighty God

en los detalles, en las cosas a los que nadie presta atención.
El olor a olivo, por ejemplo... " Y Malvina llevaba semanas,
20 quizás meses esperando a que éste apareciera.

La sensación de despertarse y saber que estaba en la
cocina la había visitado antes. Fue una mañana lluviosa de
octubre, meses después del accidente de su madre y Esdras,
su padrastro. Estaba sola, como siempre. ¿Alguna vez no lo
había estado? Sabía que Dios la esperaba y que estaría allí
hasta que ella fuera a encararlo.° Era la madrugada,° las cua- *face it / dawn*
tro y media o cerca. El ruido de las gotas° en las ventanas *drops*
asustaba a Malvina. Pobre, una mujer como ella, tan sola en
una casa tan llena de nadie.[1] Encendió las luces. También
30 aquella vez estuvo indecisa. Ni quería bajar las escaleras en
vano, ni quería perder la oportunidad.

La perdió porque fue incauta.° Se tardó demasiado en *heedless*
ponerse las pantuflas° y la bata.° Al llegar a la cocina, claro, era *slippers / bathrobe*
ya demasiado tarde. Lo único que olió fue el penetrante° jabón *piercing*
de los trastes. Estaba furiosa. No debía volver a sucederle.

***

Malvina era tartamuda.° Nunca había aprendido a sola- *stutterer*
par° el problema. Se tropezaba con sílabas que tenían "tes" y *to conceal*
"eres", "ces" y "eres", o "pes" y "eres". Le eran impronuncia-
bles palabras como "potrranca°", "accrreditar", "crrráneo°" o *filly / skull*
40 "ppprrrrocccrrreación". Los otros se reían de ella —al
menos es lo que ella sentía. Tenía vergüenza, se sentía des-
igual y detestaba hablar porque, aunque no quisiera, siempre
caería en una de esas palabras tramposas° que la enredaban. *tricky words*

Había teorías que explicaban su defecto y ella las escuchaba a razón de una cada seis meses o menos. Las oía de espe-
cialistas, de médicos a los que acudía.° Uno atribuía el *went to see*
problema a que en el útero, la genética había decidido que el
embrión° de Malvina fuera zurdo y a último momento la opi- *embryo*
nión había cambiado. ¿Por qué? Un misterio de la naturaleza.
50 El eco del evento era su torpeza° para comunicarse. Pero *clumsiness*
sólo para hablar, no para cantar. Porque al cantar Malvina
nunca tartamudeaba, jamás. Cantaba sin obstáculo, como si
la música inyectara una pulcritud° suprema en sus sílabas. *neatness*

Otro doctor afirmaba que la tartamudez era un defecto
menor, insignificante. Esa era la palabra que había usado,

---

1. an empty house filled with nobody.

feasible

in a bad mood

such

undaunted

pool

"insignificante". Un defecto que tienen muchos bebés cuando nacen, aunque sus madres no lo sepan. Decía que era factible° corregirlo a través de sesiones de terapia intensiva y ejercicios. Recomendó a una maestra que mejoraría la oratoria de la muchacha, una con la cual Malvina comenzó clases 60 particulares la semana siguiente. La ponían de mal humor.° La terapista la obligaba a tomar aire cada vez que empezaba una palabra difícil. La hacía recapacitar en el metabolismo gramatical y sintáctico y en la construcción de sus oraciones. Uno de sus requisitos era tener un diccionario de sinónimos. Malvina debía leerlo cada noche antes de dormir. Cuando encontrara palabras que tuvieran "tes" y "eres", "pes" y "eres", o "ces" y "eres", debía memorizar alternativas. Así, al hablar, cada vez que hallara tales° obstáculos podría evadirlos.

Siguió con las clases de oratoria tres años, cuatro. Su 70 madre la obligaba. Las llegó a odiar. Odiaba hablar, odiaba el vocabulario que memorizaba. Le gustaba conversar pero consigo misma, hacia adentro. Prefería, cuando había necesidad de interactuar con el exterior, hacerlo a través de la música. A través de un piano Yamaha que su padre le había comprado de niña y al que ella amaba. Cuando la maestra de oratoria se iba, Malvina se encerraba y estudiaba melodías. Un tío le había regalado un cuaderno para aprender a mover los deditos. Piezas de Bartok, Chopín y Beethoven. Ese era su refugio.   80

Todo cambió con el accidente. Fue espantoso, la dejó impávida.° Recordaba (¿cómo podía dejar de hacerlo?) todos y cada uno de los pormenores de esa mañana fatídica de julio en que los dos, Esdras y su madre, empacaron las maletas[1] y se montaron en el automóvil. Iban a Tapabalazo a pasar unas vacaciones, diez días máximo cerca de la alberca.° A su madre no le gustaba dejar sola a su hija —tuviera la edad que tuviera. Estaban unidas, lo habían estado desde que su marido las había abandonado años atrás. Tapabalazo no atraía a Malvina. Había gente con la que debía ser sociable. Esdras, a quien ella adora- 90 ba, sin éxito intentó convencerla. Prefería quedarse. Se sentía abúlica, sin ganas de hacer nada. Había terminado la preparatoria hacia dos semanas y se quedaría interpretando el piano día y noche. Había cambiado su Yamaha por un Stanway de cola y soñaba con ser concertista.

---

1. packed their suitcases

Fue insufrible° la noticia. El carro se deslizó, perdió los   unbearable
estribos° y fue a estrellarse° contra un muro. Fue instantáneo   lost control / crashed
el fallecimiento° de los dos. Malvina sintió que el mundo se   decease
le venía encima. Sin madre y sin Esdras, aislada, ¿qué haría?
100 Su tartamudez había resultado en una infranqueable° introver-   insurmountable
sión. Ellos eran su único contacto con el exterior. ¿Cómo
viviría ahora? Sola, hija de nadie, decidió abandonar las clases
de oratoria. Si destacaba° (como añoraba°), lo haría como   she would stand out /
pianista. La gente podría hablarle y ella les contestaría con   was longing for
música.

✳✳✳

Surgieron de inmediato extraños síntomas fisiológicos. Se
levantaba con un intenso dolor en el ovario izquierdo, como
si alguien se lo hubiera jalado° durante el sueño. Era un dolor   pulled
intermitente que la hacía llorar. Se hizo análisis y no encon-
110 traron nada. Cedía° cuando tomaba aspirinas, al menos por   yielded
unos días, cuando volvía con igual intensidad como si alguien
le hiciera daño desde adentro con un desarmador.°   hammer of a gun
Un tiempo después dejó de ser el ovario y fue el tímpano°   eardrum
izquierdo. O la pierna izquierda, o el pulmón° izquierdo, siem-   lung
pre el flanco° izquierdo. Malvina gritaba, se doblaba de llanto.   side
Esdras aficionaba el Zen y las filosofías orientales y una tarde
encontró uno de sus libros empolvado en el cuarto de estudio.
Era sobre los efectos del desequilibrio en el cuerpo humano.
Estaba escrito por un chamán hindú y en un capítulo decía (en
120 síntesis) que el cuerpo funciona a base del contrapeso de
opuestos. Si uno se desbalancea, se rompe la estabilidad.
Malvina, pues, estaba desequilibrada, uno de sus lados pesaba
más que otro. La solución, según el libro, consistía en una serie
de faenas° gimnásticas como gatear en círculos. Aunque parez-   tasks
ca jocoso, la muchacha las intentó. Intentó éstas y otras tareas.
Las intentó todas hasta el fastidio.[1]

✳✳✳

Exacto dos años después vino la peor de sus sacudidas
anatómicas. Fue al caminar. Iba al banco o regresaba del
mercado. De pronto y sin ningún aviso, Malvina sintió que
130 perdía una de sus manos, la izquierda, que la tenía y no. Lo
primero que hizo (lo que siempre hacía) fue calmarse. Trató

---

1. until she became vexed.

de darle poca importancia al evento. Porque el miedo que se
apoderaba de ella era peligroso y contribuía a empeorarla.°
Respiró hondo.° No quería mirar alrededor porque sentía que
la gente se estaría burlando. Ella, una muchacha sola, mirándo-
se la mano a mitad de la acera, ¡ridículo! Pensarían que era
una lisiada,° una mujer incompleta. O que estaba loca.

Caminó unas cuadras. Estaba nerviosa. Caminó hasta
detenerse en una esquina, cerca de una farmacia. Entonces
respiró profundo otra vez y tentó° con la otra mano la faltante. 140
Podía verla. La pellizcó° y no le dolió. La acarició. La mano
derecha registraba sensación, la otra no. Concluyó, pues, que
había perdido la izquierda y que lo que veía era una ilusión
óptica, un espectro. El terror que la invadió es indescriptible.
En esa época había conseguido conciertos, unos en el
Auditorio Haulcóyotl, otros en el Palacio de Bellas Artes.
Tendría que cancelarlos. Tendría que vivir con la desgracia°
de ser una pianista manca.

✳✳✳

La mano, *su* mano, le regresó un par de días después.
Estaba allí, tan parte de su cuerpo como cualquier otro órga- 150
no. Malvina canceló sólo uno de los conciertos y con el
resto siguió el horario. Desde entonces, claro, la angustia de
saber que podía volverle a ocurrir no la dejó tranquila. ¿Si
ocurriera mientras interpretaba Bach? ¿Cómo disculparse
sabiendo que la mano estaría sin estar? Estaba espantada° y
elucubraba° escenas de horror. Despertaba en la madrugada
creyendo que tenía un terrible dolor en el útero y se daba
cuenta unos minutos después que era su fantasía. O soñaba
que la cortaban verticalmente a la mitad.

La sensación en octubre en que estuvo segura de que 160
Dios (el olor a olivo) estaba en la cocina fue sólo la evidencia
más reciente de esas bolsas de angustia. Y mañana, no hoy
por la noche sino mañana, tendría otra igual. Se despertaría
en la madrugada y se pondría la bata y pantuflas con cautela.° Tendría las ventanas de la nariz bien abiertas, bajaría la
escalera e iría hasta la cocina anhelando hallar,° de una vez
para siempre, el añorado aroma medicinal. Sería una falsa
alarma, claro. ¿Olor a Dios? Lo que vería Malvina en la cocina, sobre la mesa, sería su propia mano izquierda. Al descu-
brirla, lloraría, lloraría. Bajaría la mirada con la espera de que 170
la auténtica, la *suya,* estuviera en su lugar. Pero no. Tragaría

make it worse
She inhaled deeply.

crippled

touched
pinched

misfortune

frightened
imagined

with cunning
hoping to find

saliva, suspiraría, se acercaría y tocaría aquella extremidad con la derecha. La sensación táctil le daría risa... mucha risa y las lágrimas se secarían en sus mejillas. Sólo entonces Malvina comenzaría a desprender un olor fétido a olivo.[1]

---

1. the stinking smell of an olive tree

EXPRESIONES

con cautela: con precaución, con cuidado

cortar a la mitad: dividir en dos partes

estar indecisa: no tomar partido

mal que bien: de buena o mala gana

ponerse de mal humor: irritarse

prestar atención: atender, concentrarse en algo

respirar hondo: inhalar profundamente

sin ganas de hacer nada: sin voluntad o motivación para hacer algo

---

PREGUNTAS

1. ¿De qué estaba segura la protagonista cuando se despertó el día anterior?
2. ¿Cómo lo supo?
3. ¿Por qué estaba indecisa?
4. ¿Por qué decía Esdras que "Dios no existe"? ¿Cuál es el Dios que sí existe? ¿Dónde se encuentra ese Dios?
5. ¿Por qué estaba sola y asustada Malvina? ¿Qué oportunidad perdió esa mañana?
6. ¿Qué fue lo que olió en lugar del olor a olivo?
7. Describa a la protagonista. ¿Qué defectos físicos tiene? ¿Y cómo afectan su vida? ¿Piensa usted que es también una enferma mental?
8. ¿Por qué odiaba Malvina las clases de oratoria? ¿Qué prefería hacer ella?
9. ¿Quién le compró el piano a Malvina?
10. ¿Qué pasó con la madre y su padrastro Esdras cuando ambos fueron de vacaciones a Tapabalazo?
11. ¿Qué sintió Malvina? ¿Qué decidió hacer?
12. ¿Qué otros síntomas fisiológicos comenzó a tener Malvina después de la muerte de sus padres?
13. Describa los órganos físicos afectados en el cuerpo de Malvina y las posibles curas según las filosofías orientales y el Zen. ¿Cree usted que los síntomas de Malvina son psicosomáticos?

14. ¿Qué le pasó a la protagonista al cabo de dos años?

15. ¿Por qué sintió miedo Malvina?

16. ¿Qué ocurrió con su mano izquierda? ¿Pudo continuar como concertista de piano?

17. ¿Cuándo y cómo regresó la mano de Malvina? ¿Qué decidió hacer con los conciertos? ¿Qué pasó en el mes de octubre?

18. ¿Cree usted que el uso del condicional se refiere a la idea de que la protagonista imagina o crea su propia realidad?

19. ¿Qué significa la última frase: "Malvina comenzaría a desprender un olor fétido a olivo"?

PARA COMENTAR Y ESCRIBIR

1. Describa la estructura del cuento. ¿Cree usted que el cuento se abre y se cierra en perfecta simetría?

2. ¿Considera usted que es éste un cuento realista, fantástico, de miedo y de terror? ¿Por qué?

3. ¿Quién es ese Dios que aparece en la cocina de la protagonista?

4. Comente el título en relación con el tema central del cuento.

5. ¿Cómo reconstruye el relato la vida de Malvina?

6. El tema de las partes separadas del cuerpo humano es típico de la tradición literaria fantástica y de terror. ¿Cómo lo aprovecha Stavans?

7. Las debilidades físicas y psicológicas de la protagonista, las perturbaciones de su personalidad pueden ser debidas a su soledad. Comente sobre este punto y considere otros motivos que hayan causado los síntomas psicosomáticos.

8. ¿Cree usted que el elemento fantástico del cuento mantiene el suspenso hasta el final?

9. Escriba un breve ensayo sobre alguien que usted conoce que padezca síntomas o enfermedades y las reacciones psicológicas de esa persona.

Isabel Allende

CHILE

I sabel Allende, a Chilean considered today the foremost woman novelist in Latin America, was born in 1942 in Lima, Peru, where her parents were on diplomatic duty. She has lived in Paris, the United States, Spain, and other countries, and after the 1967 coup d'etat in Santiago that killed her uncle Salvador Allende Grossens and gave absolute power to General Augusto Pinochet, she left Chile and settled in Caracas, Venezuela, with her immediate family. While still in Chile, she had begun working at the United Nations Food and Agriculture Organization in Santiago, and was drawn toward the field of journalism. During her twenties and thirties she was a radio reporter, a magazine writer, and a housewife. In interviews she claims to have written her first book after dinner, when the children were already in bed and she had no responsibilities. After finishing it, she unsuccessfully tried to sell it to a number of South American publishing houses, including the state-run Venezuelan emporium Monteávila. She then decided to send the manuscript to Carmen Balcells, the powerful Barcelona agent that represents Gabriel García Márquez, Mario Vargas Llosa, and other Hispanic writers. Balcells loved it and sold it in a matter of months. *La casa de los espíritus,* published in 1982, was an immediate best seller and catapulted her into international stardom. After the acclaim of *La casa de los espíritus,* Allende wrote *De amor y de sombra* (1984), *Eva Luna* (1987), *Cuentos de Eva Luna* (1989), and *El plan infinito* (1991). This last novel is about an American who goes to Vietnam and afterwards makes a fortune in Los Angeles. Allende currently resides in the San Francisco Bay area with her American husband and some critics suggest that she has become a transplanted United States writer. "Una venganza" was originally published in the Cuban magazine *Casa de las Américas* and later became part of *Cuentos de Eva Luna.* In it, Allende brings a new perspective to the old problem of rape and violence against women. The story deals essentially with the choice of values that will prevail after the meeting of love and violence: integrity or survival, love or self-respect. It is a poignant tale of passion and truth.

Criticism

Coddou, Marcelo, ed. *Los libros tienen sus propios espíritus.* México: Universidad Veracruzana, 1987.

_____. *Para leer a Isabel Allende.* Concepción, Chile: Ediciones LAR, 1988.

Hart, Patricia. *Narrative Magic in the Fiction of Isabel Allende.* Rutherford, N.J.: Fairleigh Dickinson University Press, 1989.

Schiminovich, Flora H. "Two Modes of Writing the Female Self: Isabel Allende's *The House of the Spirits* and Clarice Lispector's *The Stream of Life,*" in *Redefining Autobiography in Twentieth Century Women's Fiction,* Janice Morgan and Colette Hall, eds. New York: Garland Publishing, 1991, pp. 103–16.

Una venganza

El mediodía radiante en que coronaron a Dulce Rosa Orellano con los jazmines de la Reina del Carnaval, las madres de las otras candidatas murmuraron que se trataba de un premio injusto, porque ella era la única hija del Senador Anselmo Orellano, el hombre más poderoso de toda la provincia. Admitían que la muchacha resultaba agraciada,° tocaba el piano y bailaba como ninguna, pero había otras postulantes° a ese galardón° mucho más hermosas. La vieron de pie en el estrado,° con su vestido de organza y su corona de flores saludando a la muchedumbre y entre dientes° la maldijeron. Por 10 eso, algunas de ellas se alegraron cuando meses más tarde el infortunio entró en la casa de los Orellano sembrando° tanta fatalidad, que se necesitaron treinta años para cosecharla.°

La noche de la elección de la reina hubo baile en la Alcaldía° de Santa Teresa y acudieron jóvenes de remotos pueblos para conocer a Dulce Rosa. Ella estaba tan alegre y bailaba con tanta ligereza,° que muchos no percibieron que en realidad no era la más bella y cuando regresaron a sus puntos de partida dijeron que jamás habían visto un rostro como el suyo. Así adquirió inmerecida° fama de hermosura y 20

Glosses (left margin):

graceful — agraciada
candidates — postulantes
prize — galardón
platform — estrado
under their breath — entre dientes

sowing — sembrando
to harvest it — cosecharla

town hall — Alcaldía

lightness — ligereza

undeserved — inmerecida

ningún testimonio posterior pudo desmentirla. La exagerada descripción de su piel traslúcida y sus ojos diáfanos, pasó de boca en boca y cada quien le agregó algo de su propia fantasía. Los poetas de ciudades apartadas compusieron sonetos para una doncella° hipotética de nombre Dulce Rosa.

    El rumor de esa belleza floreciendo en la casa del Senador Orellano llegó también a oídos de Tadeo Céspedes, quien nunca imaginó conocerla, porque en sus veinticinco años no había tenido tiempo de aprender versos ni mirar mujeres. Él se ocupaba sólo de la Guerra Civil. Desde que empezó a afeitarse el bigote tenía un arma en la mano y desde hacía mucho vivía en el fragor de la pólvora.[1] Había olvidado los besos de su madre y hasta los cantos de la misma. No siempre tuvo razones para ofrecer pelea, porque en algunos períodos de tregua no había adversarios al alcance° de su pandilla,° pero incluso en los tiempos de paz forzosa vivió como un corsario. Era hombre habituado a la violencia. Cruzaba el país en todas direcciones luchando contra enemigos visibles, cuando los había, y contra las sombras, cuando debía inventarlos y así habría continuado si su partido no gana las elecciones presidenciales. De la noche a la mañana pasó de la clandestinidad a hacerse cargo del poder y se le terminaron los pretextos para seguir alborotando.°

    La última misión de Tadeo Céspedes fue la expedición punitiva a Santa Teresa. Con ciento veinte hombres entró al pueblo de noche para dar un escarmiento° y eliminar a los cabecillas° de la oposición. Balearon° las ventanas de los edificios públicos, destrozaron la puerta de la iglesia y se metieron a caballo hasta el altar mayor, aplastando° al Padre Clemente que se les plantó por delante, incendiaron los árboles sembrados en la plaza por el Comité de Damas y siguieron al galope con un estrépito de guerra en dirección a la villa del Senador Orellano, que se alzaba plena de orgullo sobre la colina.

    A la cabeza de una docena de sirvientes leales, el Senador esperó a Tadeo Céspedes, después de encerrar a su hija en la última habitación del patio y soltar a los perros. En ese momento, lamentó, como tantas otras veces en su vida, no tener descendientes° varones que lo ayudaran a empuñar las armas y defender el honor de su casa. Se sintió muy viejo,

maiden

within reach / gang

continue creating havoc

lesson

ringleaders / They shot

crushing

---

1. on the battlefront.

hillsides
terrorizing

pero no tuvo tiempo de pensar el ello, porque vio en las laderas del cerro° el destello terrible de ciento veinte antorchas
que se aproximaban espantando° a la noche. Repartió las
últimas municiones en silencio. Todo estaba dicho y cada
uno sabía que antes del amanecer debería morir como un
macho en su puesto de pelea.

—El último tomará la llave del cuarto donde está mi hija
y cumplirá con su deber[1]— dijo el Senador al oír los primeros tiros.

Todos los hombres habían visto nacer a Dulce Rosa y la 70
tuvieron en sus rodillas cuando apenas caminaba, le contaron cuentos de aparecidos en las tardes de invierno, la oyeron tocar el piano y la aplaudieron llorando el día de su
coronación como Reina del Carnaval. Su padre podía morir
tranquilo, pues la niña nunca caería viva en las manos de
Tadeo Céspedes. Lo único que jamás pensó el Senador Orellano, fue que a pesar de su temeridad en la batalla, el último
en morir sería él. Vio caer uno a uno a sus diez amigos y
comprendió por fin la inutilidad de seguir resistiendo. Tenía

belly / blurred
climbing

una bala en el vientre° y la vista difusa,° apenas distinguía las 80
sombras trepando° por las altas murallas de su propiedad,
pero no le falló el entendimiento[2] para arrastrarse hasta el
tercer patio. Los perros reconocieron su olor por encima del
sudor, la sangre y la tristeza que lo cubrían y se apartaron
para dejarlo pasar. Introdujo la llave en la cerradura, abrió la
pesada puerta y a través de la niebla metida en sus ojos vio a
Dulce Rosa aguardándolo. La niña llevaba el mismo vestido
de organza usado en la fiesta de Carnaval y había adornado
su peinado con las flores de la corona.

cocking
puddle of blood

—Es la hora, hija— dijo gatillando° el arma mientras a 90
sus pies crecía un charco de sangre.°

—No me mate, padre— replicó ella con voz firme. —Dé-
jeme viva, para vengarlo y para vengarme.

El Senador Anselmo Orellano observó el rostro de quince
años de su hija e imaginó lo que haría con ella Tadeo Cés-

strength

pedes, pero había gran fortaleza° en los ojos transparentes de
Dulce Rosa y supo que podría sobrevivir para castigar a su
verdugo. La muchacha se sentó sobre la cama y él tomó
lugar a su lado, apuntando la puerta.

---

1. will carry out his duty
2. had the presence of mind

100   Cuando se calló el bullicio° de los perros moribundos,   *uproar*
cedió la tranca, saltó el pestillo° y los primeros hombres   *door latch*
irrumpieron en la habitación, el Senador alcanzó a hacer seis
disparos antes de perder el conocimiento. Tadeo Céspedes
creyó estar soñando al ver un ángel coronado de jazmines
que sostenía en los brazos a un viejo agonizante, mientras su
blanco vestido se empapaba de rojo,[1] pero no le alcanzó la
piedad para una segunda mirada, porque venía borracho° de   *drunk*
violencia y enervado por varias horas de combate.

    —La mujer es para mí— dijo antes de que sus hombres
110 le pusieran las manos encima.

✱✱✱

    Amaneció un viernes plomizo,° teñido por el resplandor°   *leaden / glow*
del incendio. El silencio era denso en la colina. Hasta los
últimos gemidos se habían callado cuando Dulce Rosa pudo
ponerse de pie y caminar hasta la fuente del jardín, que el día
anterior estaba rodeada de magnolias y ahora era solo un
charco, tumultuoso en medio de los escombros.° Del vesti-   *rubble*
do no quedaban sino jirones° de organza, que ella se quitó   *shreds*
lentamente para quedar desnuda. Se sumergió en el agua
fría. El sol apareció entre los abedules° y la muchacha pudo   *birch trees*
120 ver el agua volverse rosada al lavar la sangre que le brotaba°   *flowed*
entre las piernas y la de su padre, que se había secado en su
cabello. Una vez limpia, serena y sin lágrimas, volvió a la
casa en ruinas, buscó algo para cubrirse, tomó una sábana de
bramante y salió al camino a recoger los restos del Senador.
Lo habían atado de los pies para arrastrarlo al galope por las
laderas de la colina hasta convertirlo en un guiñapo° de lásti-   *rag*
ma, pero guiada por el amor, su hija pudo reconocerlo sin
vacilar. Lo envolvió en el paño y se sentó a su lado a ver cre-
cer el día. Así la encontraron los vecinos de Santa Teresa
130 cuando se atrevieron a subir a la villa de los Orellano.
Ayudaron a Dulce Rosa a enterrar a sus muertos y apagar los
vestigios del incendio y le suplicaron que se fuera a vivir con
su madrina a otro pueblo, donde nadie conociera su historia,
pero ella se negó. Entonces formaron cuadrillas° para recon-   *crews*
struir la casa y le regalaron seis perros bravos para cuidarla.

    Desde el mismo instante en que se llevaron a su padre
aún vivo, y Tadeo Céspedes cerró la puerta a su espalda y se

---

1. became soaked in blood

soltó el cinturón de suela, Dulce Rosa vivió para vengarse.
En los treinta años siguientes ese pensamiento la mantuvo
despierta por las noches y ocupó sus días, pero no borró del 140
todo su risa ni secó su buena voluntad. Aumentó su reputación de belleza, porque los cantores fueron por todas partes

proclaiming

pregonando° sus encantos imaginarios, hasta convertirla en
una leyenda viviente. Ella se levantaba cada día a las cuatro

chores

de la madrugada para dirigir las faenas° del campo y de la
casa, recorrer su propiedad a lomo de bestia,¹ comprar y ven-

haggling

der con regateos° de sirio, criar animales y cultivar las magnolias y los jazmines de su jardín. Al caer la tarde se quitaba
los pantalones de hombres, las botas y las armas y se coloca-

trunks

ba los vestidos primorosos, llegados de la capital en baúles° 150
aromáticos. Al anochecer comenzaban a llegar sus visitas y
la encontraban tocando el piano, mientras las sirvientas pre-

trays

paraban las bandejas° de pasteles y los vasos de horchata.²
Muchos se preguntaron cómo era posible que la joven no

straitjacket

hubiera acabado en una camisa de fuerza° en el sanatorio o
de novicia en las monjas carmelitas, sin embargo, como
había fiestas frecuentes en la villa de los Orellano, con el
tiempo la gente dejó de hablar de la tragedia y se borró el
recuerdo del Senador asesinado. Algunos caballeros de
renombre y fortuna lograron sobreponerse al estigma de la 160

rape

violación° y, atraídos por el prestigio de belleza y sensatez de
Dulce Rosa, le propusieron matrimonio. Ella los rechazó a
todos, porque su misión en este mundo era la venganza.

✳✳✳

Tadeo Céspedes tampoco pudo quitarse de la memoria
esa noche de su vida. La resaca de la matanza³ y la euforia de
la violación se le pasaron a las pocas horas, cuando iba camino a la capital a rendir cuentas de su expedición de castigo.
Entonces acudió a su mente la niña vestida de baile y corona-

endured

da de jazmines, que lo soportó° en silencio en aquella habitación oscura donde el aire estaba impregnado por olor a 170
pólvora. Volvió a verla en el momento final, tirada en el

rags

suelo, mal cubierta por sus harapos° enrojecidos, hundida en
el sueño compasivo de la inconciencia y así siguió viéndola

---

1. on horseback
2. orgeat: drink made from almonds
3. The hangover from the killing

cada noche en el instante de dormir, durante el resto de su
vida. La paz, el ejercicio del gobierno y el uso del poder, lo
convirtieron en un hombre reposado° y laborioso. Con el   *quiet*
transcurso del tiempo se perdieron los recuerdos de la
Guerra Civil y la gente empezó a llamarlo don Tadeo. Se
compró una hacienda al otro lado de la sierra, se dedicó a
180 administrar justicia y acabó de alcalde. Si no hubiera sido
por el fantasma incansable de Dulce Rosa Orellano, tal vez
habría alcanzado cierta felicidad, pero en todas las mujeres
que se cruzaron en su camino, en todas las que abrazó en
busca de consuelo y en todos los amores perseguidos a lo
largo de los años, se le aparecía el rostro de la Reina del
Carnaval. Y para mayor desgracia suya, las canciones que a
veces traían su nombre en versos de poetas populares no le
permitían apartarla de su corazón. La imagen de la joven cre-
ció dentro de él, ocupándolo enteramente, hasta que un día
190 no lo aguantó más. Estaba en la cabecera de una larga mesa
de banquete celebrando sus cincuenta y cinco años, rodeado
de amigos y colaboradores, cuando creyó ver sobre el mantel
a una criatura desnuda entre capullos° de jazmines y com-   *buds*
prendió que esa pesadilla° no lo dejaría en paz ni después de   *nightmare*
muerto. Dio un golpe de puño° que hizo temblar la vajilla° y   *punch / the dishes*
pidió su sombrero y su bastón.

—¿Adónde va, don Tadeo?— preguntó el prefecto.

—A reparar un daño° antiguo— respondió saliendo sin   *damage*
despedirse de nadie.

200 No tuvo necesidad de buscarla, porque siempre supo
que se encontraba en la misma casa de su desdicha° y hacia   *misfortune*
allá dirigió su coche. Para entonces existían buenas carrete-
ras y las distancias parecían más cortas. El paisaje había cambiado en esas décadas, pero al dar la última curva de la colina
apareció la villa tal como la recordaba antes de que su pandilla la tomara por asalto. Allí estaban las sólidas paredes de
piedra de río que él destruyera con cargas de dinamita, allí
los viejos artesonados° de madera oscura que prendiera en   *panels*
llamas,° allí los árboles de los cuales colgó los cuerpos de los   *set afire*
210 hombres del Senador, allí el patio donde masacró a los
perros. Detuvo su vehículo a cien metros de la puerta y no
se atrevió a seguir, porque sintió el corazón explotándole
dentro del pecho. Iba a dar media vuelta para regresar por
donde mismo había llegado, cuando surgió entre los rodales°   *bushes*
una figura envuelta en el halo de sus faldas. Cerró los párpa-

dos deseando con toda la fuerza de su pensamiento que ella
no lo reconociera. En la suave luz de las seis percibió a
Dulce Rosa Orellano avanzar flotando por los senderos del
jardín. Notó sus cabellos, su rostro claro, la armonía de sus
swirl gestos, el revuelo° de su vestido y creyó encontrarse suspen- 220
dido en un sueño que duraba ya treinta años.

perceive him   —Por fin vienes, Tadeo Céspedes— dijo ella al divisarlo,°
sin dejarse engañar por su traje negro de alcalde ni su pelo gris
de caballero, porque aún tenía las mismas manos de pirata.

endlessly   —Me has perseguido sin tregua.° No he podido amar a
nadie en toda mi vida, sólo a ti— murmuró él con la voz rota
por la vergüenza.

Dulce Rosa Orellano suspiró satisfecha. Había llegado
por fin su hora. Pero lo miró a los ojos y no descubrió en
ellos ni rastro del verdugo, sólo lágrimas frescas. Buscó en su 230
propio corazón el odio cultivado en esos treinta años y no
fue capaz de encontrarlo. Evocó el instante en que le pidió a
su padre el sacrificio de dejarla con vida para cumplir un
deber, revivió el abrazo tantas veces maldito de ese hombre y
remains la madrugada en la cual envolvió unos despojos° tristes en
una sábana de bramante. Repasó el plan perfecto de su venganza, pero no sintió la alegría esperada, si no, por el contrario, una profunda melancolía. Tadeo Céspedes tomó su
mano con delicadeza y besó la palma, mojándola con su llanto. Entonces ella comprendió aterrada que de tanto pensar 240
en él a cada momento, saboreando el castigo por anticipado,
se le dio vuelta el sentimiento y acabó por amarlo.

floodgates   En los días siguientes ambos levantaron las compuertas°
harsh del amor reprimido y por vez primera en sus ásperos° desti-
nos se abrieron para recibir la proximidad del otro. Pasea-
ban por los jardines hablando de sí mismos, sin omitir la
noche fatal que torció el rumbo de sus vidas.[1] Al atardecer,
ella tocaba el piano y él fumaba escuchándola hasta sentir los
cloak huesos blandos y la felicidad envolviéndolo como un manto°
y borrando las pesadillas del tiempo pasado. Después de 250
cenar partía a Santa Teresa, donde ya nadie recordaba la vieja
historia de horror. Se hospedaba en el mejor hotel y desde
allí organizaba su boda. Quería una fiesta con fanfarria,
derroche y bullicio,[2] en la cual participara todo el pueblo.

---

1. changed the direction of their lives.
2. a party with fanfare, extravagance and bustle

Descubrió el amor a una edad en que otros hombres han perdido la ilusión y eso le devolvió la fortaleza de la juventud.
Deseaba rodear a Dulce Rosa de afecto y belleza, darle todas
las cosas que el dinero pudiera comprar, a ver si conseguía
260 compensar en sus años de viejo, el mal que le hiciera de
joven. En algunos momentos lo invadía el pánico. Espiaba el
rostro de ella en busca de los más leves signos de rencor,
pero sólo veía la luz del amor compartido y eso le devolvía la
confianza.° Así pasó un mes de dicha.   *confidence*

    Dos días antes del casamiento, cuando ya estaban arman-
do los mesones de la parranda[1] en el jardín, matando las aves
y los cerdos para la comilona° y cortando las flores para   *feast*
decorar la casa, Dulce Rosa Orellano se probó el vestido de
novia. Se vio reflejada en el espejo, tan parecida al día de su
270 coronación como Reina del Carnaval, que no pudo seguir
engañando a su propio corazón. Supo que jamás podría realizar la venganza planeada porque amaba al asesino, pero
tampoco podía callar al fantasma del Senador, así es que despidió a la costurera, tomó las tijeras y se fue a la habitación
del tercer patio que durante todo ese tiempo había permane-
cido desocupada.

    Tadeo Céspedes la buscó por todas partes, llamándola
desesperado. Los ladridos de los perros lo condujeron al otro
extremo de la casa. Con ayuda de los jardineros echó abajo°   *knocked down*
280 la puerta trancada° y entró al cuarto donde treinta años antes   *barred*
viera a un ángel coronado en jazmines. Encontró a Dulce
Rosa Orellano tal como la viera en sueños cada noche de su
existencia, con el mismo vestido de organza ensangrentado, y
adivinó que viviría hasta los noventa años, para pagar su culpa
con el recuerdo de la única mujer que su espíritu podía amar.

---

1. setting up the tables for the carousing party

EXPRESIONES

camisa de fuerza: camisa para sujetar los brazos de quien padece locura o demencia

dejar en paz: no inquietar

empuñar las armas: usar las armas, luchar

entre dientes: murmurar, decir algo sin que otros entiendan

hacerse cargo de: ocuparse de algo, dirigir

horchata: bebida hecha del jugo de las almendras

mantenerse despierto: estar sin dormir por un tiempo prolongado

morir como un macho: morir como un verdadero hombre

ponerse de pie: levantarse

resultar agraciada: mostrarse bien parecida

sin tregua: sin interrupción

torcer el rumbo: cambiar de dirección

PREGUNTAS

1. ¿Qué significa el título del cuento?
2. ¿Cuál es el punto de vista?
3. ¿Qué importancia tiene el baile de Carnaval al comienzo del cuento?
4. ¿Qué imagen proyectaba Dulce Rosa entre los habitantes de Santa Teresa?
5. Explique las dos citas siguientes en el contexto del cuento:

   Dulce Rosa suspiró satisfecha. Había llegado por fin su hora. Pero lo miró a los ojos y no descubrió en ellos ni rastro del verdugo, sólo lágrimas frescas. Buscó en su propio corazón el odio cultivado en esos treinta años y no fue capaz de encontrarlo.

   En ese momento, lamentó, como tantas otras veces en su vida, no tener descendientes varones que lo ayudaran a empuñar las armas y defender el honor de su casa.

6. Describa a Tadeo Céspedes. ¿Qué relación puede haber entre él y Dulce Rosa? ¿Cómo llegan a conocerse estos personajes?
7. ¿Qué piensa usted de la actitud del Senador Orellano cuando llegan los partidarios de Tadeo Céspedes y la de Dulce Rosa después de la muerte de su padre?
8. ¿Qué piensa usted del amor entre Dulce Rosa y Tadeo? ¿Cree usted que es una relación verosímil?
9. ¿Por qué acepta casarse Dulce Rosa con Tadeo?
10. Describa la escena de Dulce Rosa ante el espejo, el día de su casamiento.
11. ¿Cómo se cumple la venganza?

PARA COMENTAR Y ESCRIBIR

1. ¿Qué aspectos del cuento de Allende reflejan la vida latinoamericana? ¿Puede usted identificar el país en que tiene lugar el cuento?

2. Señale la importancia de los nombres de los personajes.

3. Describa a los personajes principales indicando las características más evidentes.

4. Comente sobre el uso del diálogo en el cuento de Isabel Allende. ¿Qué aspectos de los personajes nos revelan los diálogos?

5. "Una venganza" es la historia de un crimen y una venganza. ¿Es posible justificar la venganza? ¿Se ha vengado usted alguna vez? ¿en qué circunstancias?

6. Imagine que ha cometido un crimen por venganza. ¿Qué explicaría usted en su confesión?

7. ¿Cuál es su reacción al tema de la violación en el cuento de Isabel Allende? ¿Puede relacionarlo con otras "violaciones" que aparecen en la tradición literaria inglesa y española? ¿con otros acontecimientos de la vida cotidiana en los Estados Unidos?

8. Analice el tema de la violación desde diversos puntos de vista: femenino, masculino, sociológico, psicoanalítico, pedagógico.

9. Comente la relación entre violencia y violación en el cuento.

10. Escriba un ensayo sobre el amor usando como modelo la relación entre los personajes centrales del cuento de Allende.

Gabriel García Márquez

COLOMBIA

Born in Aracataca, Colombia, in 1928, Gabriel García Márquez is the author of *Cien años de soledad,* the acclaimed 1967 novel about Macondo, a fictional coastal town in the Caribbean populated by forgotten generals, clairvoyant prostitutes, and opinionated matrons. García Márquez left Colombia in 1950 on assignment to Europe as a newspaper man, and thereafter spent much of his life outside his country. He has lived in Paris and Barcelona and keeps homes in Mexico City and in Havana, Cuba; he is a close friend of Fidel Castro. Indeed, throughout his life his left-wing political views have often made him the target of animosity. In his first novel, *La hojarasca* (1955), he introduced Macondo, the setting of most of his fiction. His next book, a short novel and a collection of short stories, *El coronel no tiene quien le escriba* (1961), was widely translated and attracted positive attention throughout the world. Then came the Faulknerian *Los funerales de la Mamá Grande* (1962), and afterwards *La mala hora* (1962), about a Macondo-like village overcome by chaos. After the international acclaim of *Cien años de soledad,* a book considered throughout the Hispanic world second only to Cervantes' *Don Quijote de La Mancha,* García Márquez became one of Latin America's best known citizens. Since then, he has written a novel about a lonely dictator called *El otoño del patriarca* (1975), and a collection of short stories: *La increíble y triste historia de la cándida Eréndira y su abuela desalmada* (1972), from which "El ahogado más hermoso del mundo" is taken. Then came *Crónica de una muerte anunciada* (1981), *El amor en los tiempos del cólera* (1985), a historical account of General Simón Bolívar's last days titled *El general en su laberinto* (1989), and *Doce cuentos peregrinos* (1992). Gabriel García Márquez won the Nobel Prize for Literature in 1982. In the story that follows, he presents mythmaking at its best when an unusual intruder arrives in a barren costal village and changes the lives of the sad and isolated men and women who live there. The author shows the importance of imagination and dreams in the political and economic life of people.

Criticism

Benedetti, Mario, et al. *Nueve asedios a García Márquez*. Santiago, Chile: Editorial Universitaria, 1971.

Bloom, Harold, ed. *Modern Critical Views: Gabriel García Márquez*. New York: Chelsea, 1989.

McGuirk, Bernard and Cardwell, Richard. *Gabriel García Márquez: New Readings*. New York: Cambridge University Press, 1987.

McMurray, George R. *Critical Essays on Gabriel García Márquez*. New York: G. K. Hall & Co., 1987.

Oberhelman, Harley D. *Gabriel García Márquez. A Study of the Short Fiction*. Boston: Twayne Publishers, 1991.

Vargas Llosa, Mario. *Gabriel García Márquez: Historia de un deicidio*. Caracas, Venezuela: Monteávila, 1971.

Williams, Raymond L. *Una década de la novela colombiana: la experiencia de los setenta*. Bogotá: Plaza & Janés, 1981.

_____. *Gabriel García Márquez*. New York: Twayne, 1984.

El ahogado[1] más hermoso del mundo

large bulk

Los primeros niños que vieron el promontorio° oscuro y sigiloso que se acercaba por el mar, se hicieron la ilusión de que era un barco enemigo. Después vieron que no llevaba ban-
rigging / whale
deras ni arboladura,° y pensaron que fuera una ballena.° Pero cuando quedó varado en la playa le quitaron los mato-
jellyfish
rrales de sargazos,[2] los filamentos de medusas° y los restos de
schools of fish / shipwrecks
cardúmenes° y naufragios° que llevaba encima, y sólo entonces descubrieron que era un ahogado.

Habían jugado con él toda la tarde, enterrándolo y desenterrándolo en la arena, cuando alguien los vio por casualidad 10 y dio la voz de alarma en el pueblo. Los hombres que lo car-

---

1. drowned man
2. thickets of gulfweed

garon hasta la casa más próxima notaron que pesaba más que
todos los muertos conocidos, casi tanto como un caballo, y se
dijeron que tal vez había estado demasiado tiempo a la deri-
va° y el agua se le había metido dentro de los huesos.° Cuan-   *adrift / bones*
do lo tendieron en el suelo vieron que había sido mucho más
grande que todos los hombres, pues apenas° si cabía en la   *barely*
casa, pero pensaron que tal vez la facultad de seguir crecien-
do después de la muerte estaba en la naturaleza de ciertos
20 ahogados. Tenía el olor del mar, y sólo la forma permitía
suponer que era el cadáver de un ser humano, porque su piel
estaba revestida de una coraza de rémora y de lodo.[1]

    No tuvieron que limpiarle la cara para saber que era un
muerto ajeno. El pueblo tenía apenas unas veinte casas de
tablas,° con patios de piedras sin flores, desperdigadas en el   *wooden shacks*
extremo de un cabo desértico. La tierra era tan escasa, que
las madres andaban siempre con el temor de que el viento se
llevara a los niños, y a los pocos muertos que les iban causan-
do los años tenían que tirarlos en los acantilados. Pero el
30 mar era manso y pródigo, y todos los hombres cabían en
siete botes. Así que cuando encontraron el ahogado les
bastó con mirarse los unos a los otros para darse cuenta de
que estaban completos.

    Aquella noche no salieron a trabajar en el mar. Mientras
los hombres averiguaban si no faltaba alguien en los pueblos
vecinos, las mujeres se quedaron cuidando al ahogado. Le
quitaron el lodo con tapones de esparto,° le desenredaron   *plugs of esparto grass*
del cabello los abrojos° submarinos y le rasparon° la rémora   *thistles / scraped off*
con fierros de desescamar pescados.[2] A medida° que lo   *while*
40 hacían, notaron que su vegetación era de océanos remotos y
de aguas profundas, y que sus ropas estaban en piltrafas,°   *shreds*
como si hubiera navegado por entre laberintos de corales.
Notaron también que sobrellevaba la muerte con altivez,[3]
pues no tenía el semblante° solitario de los otros ahogados   *appearance*
del mar, ni tampoco la catadura sórdida y menesterosa de
los ahogados fluviales.[4] Pero solamente cuando acabaron de
limpiarlo tuvieron conciencia de la clase de hombre que
era, y entonces se quedaron sin aliento.° No sólo era el más   *breathless*

---

1. an armor of remora and mud.
2. iron tools for scaling fish.
3. he endured death proudly
4. the sordid and needy look of men found drowned in rivers.

fig., put together, endowed

alto, el más fuerte, el más viril y el mejor armado° que habían visto jamás, sino que todavía cuando lo estaban viendo no les 50 cabía en la imaginación.

to stretch him out / to hold his wake / fitted

No encontraron en el pueblo una cama bastante grande para tenderlo° ni una mesa bastante sólida para velarlo.° No le vinieron° los pantalones de fiesta de los hombres más altos, ni las camisas dominicales de los más corpulentos, ni los zapatos del mejor plantado.[1] Fascinadas por su despro-porción y su hermosura, las mujeres decidieron entonces hacerle unos pantalones con un buen pedazo de vela cangre-

gaff sail

ja,° y una camisa de bramante de novia, para que pudiera continuar su muerte con dignidad. Mientras cosían sentadas 60 en círculo, contemplando el cadáver entre puntada y punta-da,[2] les parecía que el viento no había sido nunca tan tenaz ni el Caribe había estado nunca tan ansioso como aquella noche, y suponían que esos cambios tenían algo que ver con el muerto. Pensaban que si aquel hombre magnífico hubiera vivido en el pueblo, su casa habría tenido las puertas más

frame
midship frames / bolts

anchas, el techo más alto y el piso más firme y el bastidor° de su cama habría sido de cuadernas maestras° con pernos° de hierro, y su mujer habría sido la más feliz. Pensaban que habría tenido tanta autoridad que hubiera sacado los peces 70 del mar con sólo llamarlos por sus nombres, y habría pues-

effort
springs

to tanto empeño° en el trabajo que hubiera hecho brotar manantiales° de entre las piedras más áridas y hubiera podi-do sembrar flores en los acantilados. Lo compararon en

own

secreto con sus propios° hombres, pensando que no serían capaces de hacer en toda una vida lo que aquél era capaz de hacer en una noche, y terminaron por repudiarlos° en el

rejecting them
depths
puny / lost
labyrinths

fondo° de sus corazones como los seres más escuálidos y mezquinos° de la tierra. Andaban extraviadas° por esos dédalos° de fantasía, cuando la más vieja de las mujeres, que 80 por ser la más vieja había contemplado al ahogado con menos pasión que compasión, suspiró:

—Tiene cara de llamarse Esteban.[3]

Era verdad. A la mayoría le bastó con mirarlo otra vez para comprender que no podía tener otro nombre. Las más

---

1. nor the shoes of the man with the biggest feet.
2. between stitches
3. Saint Stephen was the Catholic Church's first martyr. His martyrdom stimu-lated the growth of a new Christian era.

porfiadas,° que eran las más jóvenes, se mantuvieron con la | stubborn
ilusión de que al ponerle la ropa, tendido entre flores y con
unos zapatos de charol,° pudiera llamarse Lautaro. Pero fue | patent leather
una ilusión vana. El lienzo resultó escaso, los pantalones mal
90 cortados y peor cosidos le quedaron estrechos,° y las fuerzas | tight
ocultas° de su corazón hacían saltar los botones de la camisa. | hidden
Después de la media noche se adelgazaron los silbidos del
viento y el mar cayó en el sopor del miércoles.[1] El silencio
acabó con las últimas dudas: era Esteban. Las mujeres que
lo habían vestido, las que lo habían peinado, las que le habían cortado las uñas y raspado la barba no pudieron repri-
mir un estremecimiento° de compasión, cuando tuvieron | shudder
que resignarse a dejarlo tirado por los suelos.° Fue entonces | lying on the floor
cuando comprendieron cuánto debió haber sido de infeliz
100 con aquel cuerpo descomunal, si hasta después de muerto le
estorbaba. Lo vieron condenado en vida a pasar de medio
lado° por las puertas, a descalabrarse con los travesaños,[2] a | sideways
permanecer de pie en las visitas sin saber qué hacer con sus
tiernas° y rosadas manos de buey de mar,° mientras la dueña | tender / sea calf
de casa buscaba la silla más resistente y le suplicaba muerta
de miedo siéntese aquí Esteban, hágame el favor, y él recosta-
do° contra las paredes, sonriendo, no se preocupe señora, así | leaning
estoy bien, con los talones en carne viva[3] y las espaldas escal-
dadas de tanto repetir lo mismo en todas las visitas, no se
110 preocupe señora, así estoy bien, sólo para no pasar por la
vergüenza de desbaratar° la silla, y acaso sin haber sabido | wrecking
nunca que quienes le decían no te vayas Esteban, espérate
siquiera hasta que hierva° el café, eran los mismos que des- | boils
pués susurraban ya se fue el bobo grande, qué bueno, ya se
fue el tonto hermoso. Esto pensaban las mujeres frente al
cadáver un poco antes del amanecer. Más tarde, cuando le
taparon la cara con un pañuelo para que no le molestara la
luz, lo vieron tan muerto para siempre, tan indefenso, tan
parecido a sus hombres, que se les abrieron las primeras grie-
120 tas de lágrimas° en el corazón. Fue una de las más jóvenes la | veins of tears
que empezó a sollozar.° Las otras, alentándose entre sí, pasa- | sob
ron de los suspiros° a los lamentos, y mientras más solloza- | sighs
ban más deseos sentían de llorar, porque el ahogado se les

---

1. midweek stupor.
2. to split his head with the beams
3. with his heels raw

iba volviendo cada vez más Esteban,[1] hasta que lo lloraron
tanto que fue el hombre más desvalido° de la tierra, el más
manso y el más servicial, el pobre Esteban. Así que cuando
los hombres volvieron con la noticia de que el ahogado no
era tampoco de los pueblos vecinos, ellas sintieron un vacío
de júbilo° entre las lágrimas.

—¡Bendito° sea Dios —suspiraron—: es nuestro!   130

Los hombres creyeron que aquellos aspavientos° no eran
más que frivolidades de mujer. Cansados de las tortuosas
averiguaciones de la noche, lo único que querían era quitarse
de una vez el estorbo del intruso antes de que prendiera el
sol bravo° de aquel día árido y sin viento. Improvisaron unas
angarillas° con restos de trinquetes° y botavaras,° y las ama-
rraron con carlingas de altura,° para que resistieran el peso°
del cuerpo hasta los acantilados. Quisieron encadenarle a los
tobillos un ancla de buque mercante[2] para que fondeara sin
tropiezos en los mares más profundos donde los peces son   140
ciegos° y los buzos° se mueren de nostalgia, de manera que
las malas corrientes no fueran a devolverlo a la orilla, como
había sucedido con otros cuerpos. Pero mientras más se
apresuraban, más cosas se les ocurrían a las mujeres para perder el tiempo. Andaban como gallinas asustadas picoteando°
amuletos de mar en los arcones,° unas estorbando aquí porque querían ponerle al ahogado los escapularios del buen
viento, otras estorbando allá para abrocharle° una pulsera de
orientación,° y al cabo de tanto quítate de ahí mujer,[3] ponte
donde no estorbes, mira que casi me haces caer sobre el   150
difunto,° a los hombres se les subieron al hígado las suspica-
cias,[4] y empezaron a rezongar° que con qué objeto tanta
ferretería° de altar mayor para un forastero, si por muchos
estoperoles y calderetas° que llevara encima se lo iban a mas-
ticar los tiburones,° pero ellas seguían tripotando° sus reli-
quias de pacotilla,° llevando y trayendo, tropezando,°
mientras se les iba en suspiros lo que no se les iba en lágrimas, así que los hombres terminaron por despotricar° que de
cuándo acá semejante alboroto° por un muerto al garete,° un

Margin glosses:
helpless
joyful emptiness
Blessed
all that fuss
fierce
stretchers / foremasts /
booms
mast steps / weight
blind / divers
pecking
large chests
fasten to him
wrist compass
deceased
grumble
hardware
odds and ends
sharks / bringing
cheap relics / stumbling
rant
so much fuss / set adrift

---

1. he was turning more and more into Esteban
2. they wanted to chain to his ankles an anchor of a merchant ship
3. get out of the way, woman
4. they began to get very suspicious
5. *fig.*, a shitty corpse.

160 ahogado de nadie, un fiambre de mierda.⁵ Una de las mujeres, mortificada por tanta indolencia, le quitó entonces al
cadáver el pañuelo de la cara, y también los hombres se quedaron sin aliento.

Era Esteban. No hubo que repetirlo para que lo recono-
cieran. Si les hubieran dicho Sir Walter Raleigh,¹ quizás, hasta
ellos se habrían impresionado con su acento de gringo, con
su guacamaya° en el hombro, con su arcabuz de matar caníba-   *macaw*
les, pero Esteban solamente podía ser uno en el mundo, y allí
estaba tirado como un sábalo,° sin botines, con unos pantalo-   *kind of fish*
170 nes de sietemesino y esas uñas rocallosas que sólo podían cor-
tarse a cuchillo. Bastó con que le quitaran el pañuelo de la
cara para darse cuenta de que estaba avergonzado, de que no
tenía la culpa de ser tan grande, ni tan pesado ni tan hermoso,
y si hubiera sabido que aquello iba a suceder habría buscado
un lugar más discreto para ahogarse, en serio, me hubiera
amarrado yo mismo un áncora de galeón en el cuello y hubiera trastabillado° como quien no quiere la cosa en los acantila-   *reeled*
dos,° para no andar ahora estorbando con este muerto de   *cliffs*
miércoles,° como ustedes dicen, para no molestar a nadie con   *damned corpse*
180 esta porquería° de fiambre que no tiene nada que ver conmi-   *filth*
go. Había tanta verdad en su modo de estar, que hasta los
hombres más suspicaces, los que sentían amargas las minucio-
sas noches del mar temiendo que sus mujeres se cansaran de
soñar con ellos para soñar con los ahogados, hasta ésos, y
otros más duros, se estremecieron° en los tuétanos con la sin-   *quivered*
ceridad de Esteban.

Fue así como le hicieron los funerales más espléndidos
que podían concebirse para un ahogado expósito.° Algunas   *foundling*
mujeres que habían ido a buscar flores en los pueblos veci-
190 nos regresaron con otras que no creían lo que les contaban,
y éstas se fueron por más flores cuando vieron al muerto, y
llevaron más y más, hasta que hubo tantas flores y tanta gente que apenas si se podía caminar. A última hora les dolió
devolverlo huérfano a las aguas, y le eligieron un padre y una
madre entre los mejores, y otros se le hicieron hermanos,
tíos y primos, así que a través de él todos los habitantes del
pueblo terminaron por ser parientes entre sí.² Algunos marineros que oyeron el llanto a la distancia perdieron la certeza

---

1. Raleigh (1552–1618), an English pirate
2. to be related to one another.

mermaids

held their breath

without bumping into

fronts (of houses)

break their backs

high seas / quarter deck
string

turn / sunflowers

del rumbo,[1] y se supo de uno que se hizo amarrar al palo
mayor,[2] recordando antiguas fábulas de sirenas.° Mientras se   200
disputaban el privilegio de llevarlo en hombros por la pen-
diente escarpada de los acantilados,[3] hombres y mujeres
tuvieron conciencia por primera vez de la desolación de sus
calles, la aridez de sus patios, la estrechez de sus sueños,
frente al esplendor y la hermosura de su ahogado. Lo soltaron sin ancla, para que volviera si quería, y cuando lo quisiera, y todos retuvieron el aliento° durante la fracción de siglos
que demoró la caída del cuerpo hasta el abismo. No tuvieron necesidad de mirarse los unos a los otros para darse
cuenta de que ya no estaban completos, ni volverían a estarlo   210
jamás. Pero también sabían que todo sería diferente desde
entonces, que sus casas iban a tener las puertas más anchas,
los techos más altos, los pisos más firmes, para que el recuerdo de Esteban pudiera andar por todas partes sin tropezar
con° los travesaños, y que nadie se atreviera a susurrar en el
futuro ya murió el bobo grande, qué lástima, ya murió el
tonto hermoso, porque ellos iban a pintar las fachadas° de
colores alegres para eternizar la memoria de Esteban, y se
iban a romper el espinazo° excavando manantiales en las piedras y sembrando flores en los acantilados, para que en los   220
amaneceres de los años venturos los pasajeros de los grandes
barcos despertaran sofocados por un olor de jardines en alta-
mar,° y el capitán tuviera que bajar de su alcázar° con su uni-
forme de gala, con su astrolabio, su estrella polar y su ristra°
de medallas de guerra, y señalando el promontorio de rosas
en el horizonte del Caribe dijera en catorce idiomas, miren
allá, donde el viento es ahora tan manso que se queda a dormir debajo de las camas, allá, donde el sol brilla tanto que no
saben hacia dónde girar° los girasoles,° sí, allá, es el pueblo
de Esteban.   230

---

1. lost their way
2. had himself tied to the mainmast
3. steep, craggy slopes

EXPRESIONES

a la deriva: desorientado

darse cuenta: comprender

sin aliento: falto de respiración

tener conciencia: tener conocimiento de algo

tener que ver con algo o con alguien: estar relacionado con algo o con alguien

PREGUNTAS

1. ¿Qué pensaron los niños cuando vieron el promontorio oscuro en el agua?
2. ¿Cuándo descubrieron que era un hombre ahogado? ¿Qué habían hecho antes los niños con el ahogado?
3. Describa al ahogado e indique sus semejanzas y diferencias con otros hombres del pueblo.
4. ¿De dónde venía el ahogado?
5. ¿Quiénes lo cuidaron en el pueblo? ¿Cómo era el ahogado cuando las mujeres terminaron de limpiarlo?
6. ¿A dónde fueron los hombres?
7. ¿Por qué estaban fascinadas las mujeres con el ahogado? ¿Qué decidieron hacer con él?
8. ¿Por qué dijeron las mujeres: "Tiene cara de llamarse Esteban"? Explique la importancia de este nombre si se recuerda que Esteban es el nombre del primer mártir cristiano.
9. ¿Cómo imaginan las mujeres el pueblo con la presencia del ahogado? ¿Cómo habría sido la realidad si él hubiera vivido allí?
10. ¿Por qué se alegran de que el ahogado no sea del pueblo?
11. ¿Cómo es el funeral del ahogado?
12. ¿Cuál es el resultado de que este famoso visitante halla pasado por el pueblo?

PARA COMENTAR Y ESCRIBIR

1. ¿Cómo vemos la naturaleza del pequeño pueblo de pescadores y la del ahogado?
2. Describa el pueblo y a sus habitantes.
3. Discuta la naturaleza colectiva de las mujeres del pueblo y el erotismo que provoca en ellas el ahogado.
4. El lector nunca ve a Esteban directamente sino a través de los ojos y las mentes de otros personajes. ¿Qué efecto causa esta estrategia narrativa?

5. Tal y como aparece en este cuento, una característica del estilo de Gabriel García Márquez es el cambio del punto de vista narrativo. ¿Qué efecto produce en el lector?

6. Discuta la exageración o la hipérbole, la ironía y el humor en el cuento.

7. Comente sobre la importancia del sueño y la imaginación en la vida política del pueblo.

8. ¿En qué reside la originalidad de este cuento?

9. ¿Puede usted comparar al ahogado con otros héroes históricos, míticos y literarios?

10. Escriba un ensayo sobre el tema de la esperanza.

Angélica Gorodischer

A science fiction writer par excellence, Angélica Gorodischer was born in 1928, in Buenos Aires, Argentina, where she spent her early childhood immersed in books. She is married, has three children, and lives in Rosario, Argentina, though she travels frequently to deliver lectures. Gorodischer's first literary endeavor was a detective story entitled "En verano, a la siesta y con Martina," which appeared in the magazine *Vea y lea* in 1964 and won an award in the Third Contest of Detective Stories. She has cultivated a variety of genres and narrative expressions and is known as the creator of the literary character Trafalgar Medrano, an intergalactic businessman. Gorodischer has published several volumes of short stories, among them *Cuentos con soldados* (1965), *Las pelucas* (1968), *Bajo las jubeas en flor* (1973), *Casta luna electrónica* (1977), *Trafalgar* (1979), and one novel, *Opus dos* (1967). She has also revealed herself as a militant feminist in *Mala noche y parir hembra* (1983), a collection of stories where reality and fiction intertwine in themes about women in society. The short story included here, which highlights the Yiddish culture of Argentina's Eastern European Jewish immigrants, is part of *Doce mujeres cuentan,* edited by Beatriz Guido (1983). Gorodischer deals imaginatively in "La cámara oscura" with the theme of women's roles that exalt the domestic sphere and the nurturing of children. Here events are not as important as emotions and while playing with traditional family notions the narrative displays a lively style and a biting humor.

Criticism

Dellepiane, Angela B. "Contar = mester de fantasía o la narrativa de Angélica Gorodischer," *Revista Iberoamericana* 51, 132–33 (July–December 1985): 627–40.

Gorodischer, Angélica. "Contra el silencio de la desobediencia," *Revista Iberoamericana* 51, 132–33 (July–December 1985): 479–81.

Stavans, Ilán. *Tropical Synagogues. Short Stories by Jewish–Latin American Writers.* New York: Holmes & Mayer, 1994.

Vásquez, María Esther. "Angélica Gorodischer: Una escritora latino-americana de ciencia ficción," *Revista Iberoamericana* (April–September 1983): 116–19.

La cámara oscura

a Chela Leyba

it seems	Ahora resulta° que mi abuela Gertrudis es un personaje y que en esta casa no se puede hablar mal de ella. Así que como yo siempre hablé mal de ella y toda mi familia también, lo que he tenido que hacer es callarme y no decir nada, ni nombrar-
give me a break	la siquiera. Hágame el favor,° quién entiende a las mujeres. Y eso que yo no me puedo quejar: mi Jaia es de lo mejorcito que hay. Al lado de ella yo soy bien poca cosa: no hay más que verla, como que en la colectividad[1] todo el mundo la empezó a mirar con ganas en cuanto cumplió los quince, tan rubia y con esos ojos y esos modos y la manera que tiene de 10
matchmaker	levantar la cabeza, que no hubo shotjen° que no pensara en casarla bien, pero muy bien, por lo menos con uno de los
parts	hijos del viejo Saposnik el de los repuestos° para automoto-
aim	res, y para los dieciséis ya la tenían loca a mi suegra con ofre-cimientos y que esto y que lo otro y que tenía que apuntar° bien alto. Y esa misma Jaia que se casó conmigo y no con
rich (pejorative)	uno de esos ricachones,° aunque a mí, francamente, tan mal no me va, ella que a los treinta es más linda que a los quince
one can't tell	y que ni se le nota° que ya tiene dos hijos grandes, Duvedl y Batia, tan parecidos a ella pero que sacaron mis ojos negros, 20

---

1. among Jews in Argentina, the (Jewish) community

eso sí, esa misma Jaia que siempre es tan dulce y suave, se
puso hecha una fiera° cuando yo dije que la foto de mi abuela Gertrudis no tenía por qué estar encima de la chimenea en
un marco dorado con adornos que le deben haber costado
sus buenos pesos,° que no me diga que no. Y esa foto, justamente ésa.

    —Que no se vuelva a hablar del asunto° —me dijo Jaia
cuando yo le dije que la sacara—, ni se te ocurra. Yo puse la
foto ahí y ahí se queda.

30   —Bueno, está bien —dije yo—, pero por lo menos no
esa foto.

    —Y qué otra, vamos a ver, ¿eh? —dijo ella— Si fue la
única que se sacó en su vida.

    —Menos mal —dije yo—, ¡zi is gevein tzi miss!¹
Ni acordarme quiero de lo que dijo ella.

    Pero es cierto que era fea mi abuela Gertrudis, fea con
ganas, chiquita, flaca, negra, chueca,° bizca,° con unos ante-
ojos redondos de armazón° de metal ennegrecido que tenían
una patilla° rota y arreglada con unas vueltas de piolín° y un
40 nudo, siempre vestida de negro desde el pañuelo en la cabeza hasta las zapatillas. En cambio mi abuelo León tan buen
mozo, tan grandote, con esos bigotazos° de rey y vestido
como un señor que parece que llena toda la foto, y los ojos
que le brillan como dos faroles.° Apenas si se la ve a mi
abuela al lado de él, eso es una ventaja. Para colmo están
alrededor todos los hijos que también eran grandotes y buenos mozos, los seis varones y las dos mujeres: mis tíos
Aarón, Jaime, Abraham, Salo e Isidoro; y Samuel, mi padre,
que era el más chico de los varones. Y mis tías Sara y Raquel
50 están sentadas en el suelo cerca de mi abuelo. Y atrás se ven
los árboles y un pedazo de la casa.

    Es una foto bien grande, en cartulina° gruesa, medio de
color marrón° como eran entonces, así que bien caro le debe
haber salido el marco dorado con adornos y no es que yo me
fije en esas cosas: Jaia sabe que puede darse sus gustos y que
yo nunca le he hecho faltar nada ni a ella ni a mis hijos, y que
mientras yo pueda van a tener de todo y no van a ser menos
que otros, faltaba más.°

    Por eso me duele esto de la foto sobre el estante de már-
60 mol de la chimenea pero claro que mucho no puedo protes-

Margin glosses:
- went into a rage
- Argentinian money
- matter
- bowlegged / cross-eyed
- frame
- temple / string
- big mustache
- lanterns
- bristol board
- brown
- of course

---

1. she was too ugly! (Yiddish)

tar porque la culpa es mía y nada más que mía por andar hablando demasiado. Y por qué no va a poder un hombre contarle a su mujer cosas de su familia, vamos a ver; casi diría que ella tiene derecho a saber todo lo que uno sabe. Y sin embargo cuando le conté a Jaia lo que había hecho mi abuela Gertrudis, medio en broma° medio en serio, quiero decir que un poco divertido como para quitarle importancia a la tragedia y un poco indignado como para demostrar que yo sé que lo que es justo° es justo y que no he sacado las malas inclinaciones de mi abuela, cuando se lo conté una noche de verano en que volvíamos de un cine con refrigeración° y habíamos comprado helados y los estábamos comiendo en la cocina los dos solos porque los chicos dormían, ella dejó de comer y cuando terminó golpeó con la cuchara en la mesa y me dijo que no lo podía creer.

—Pero es cierto —dije yo—, claro que es cierto. Pasó así nomás° como te lo conté.

—Ya sé —dijo Jaia y se levantó y se paró al lado mío con los brazos cruzados y mirándome enojada—, ya sé que pasó así, no lo vas a haber inventado vos.° Lo que no puedo creer es que seas tan desalmado° como para reírte de ella y decir que fue una mala mujer.

—Pero Jaia —alcancé a decir.

—Qué pero Jaia ni qué nada —me gritó. Menos mal que no me enteré de eso antes que nos casáramos. Menos mal para vos, porque para mí es una desgracia venir a enterarme a esta altura de mi vida que estoy casada con un bruto sin sentimientos.°

Yo no entendía nada y ella se fue dando un portazo° y me dejó solo en la cocina, solo y pensando qué sería lo que había dicho yo que la había puesto tan furiosa. Fui hasta la puerta pero cambié de idea y me volví. Hace diez años que estamos casados y la conozco muy bien, aunque pocas veces la había visto tan enojada. Mejor dejar que se tranquilizara. Me comí lo que quedaba de mi helado, guardé en el congelador° los que habíamos traído para los chicos, le pasé el repasador° a la mesa y dejé los platos en la pileta. Me fijé que la puerta y la ventana que dan al patio estuvieran bien cerradas, apagué la luz y me fui a acostar. Jaia dormía o se hacía la que dormía. Me acosté y miré el techo que se veía gris con la luz que entraba por la ventana abierta. La toqué apenas:

half jokingly

right

air conditioning

just

tú (Argentina)
shameless

feelings
slamming the door

freezer
dishtowel

—Jaia —le dije—, mein taier meidale[1] —como cuando éramos novios.

Nada. Ni se movió ni me contestó, ni respiró más fuerte ni nada. Está bien, pensé, si no quiere no quiere, ya se le va a pasar. Puse la mano en su lugar y cerré los ojos. Estaba medio dormido cuando voy y miro el techo gris otra vez porque me había parecido que la oía llorar. Pero debo haberme
110 equivocado, no era para tanto. Me dormí de veras° y a la   *really*
mañana siguiente era como si no hubiera pasado nada.

Pero ese día cuando vuelvo del negocio casi de noche, cansado y con hambre, qué veo. Eso, el retrato de mi abuela Gertrudis en su marco dorado con adornos encima de la chimenea.

—¿De dónde sacaste eso? —le dije señalándoselo con el dedo.

—Estaba en el estante de arriba del placard° —me dijo   *built-in closet*
ella con una gran sonrisa—, con todas las fotos de cuando
120 eras chico que me regaló tu madre.

—Ah, no   dije yo y alargué las manos como para sacarlo de ahí.

—Te advierto una cosa, Isaac Rosenberg —me dijo muy despacio y yo me di cuenta de que iba en serio porque ella siempre me dice Chaqui como me dicen todos y cuando me dice Isaac es que no está muy contenta y nunca me ha dicho con el apellido antes salvo una vez—, te advierto que si sacás esa foto de ahí yo me voy de casa y me llevo los chicos.

Lo decía de veras, yo la conozco. Sé que lo decía de
130 veras porque aquella otra vez que me había llamado por mi nombre y mi apellido también me había amenazado con irse, hacía mucho de eso y no teníamos los chicos y para decir la verdad las cosas no habían sido como ella creyó que habían sido pero mejor no hablar de eso. Yo bajé las manos y las metí en los bolsillos y pensé que era un capricho y que bueno, que hiciera lo que quisiera, que yo ya iba a tratar de convencerla de a poco. Pero no la convencí; no la convencí nunca y la foto sigue ahí. A Jaia se le pasó el enojo y dijo bueno vamos a comer que hice kuguel° de arroz.   *pudding (Yiddish)*
140 Lo hace con la receta de mi suegra y ella sabe que me gusta como para comerme tres platos y yo sé que ella sabe y ella sabe que yo sé, por algo lo había hecho. Me comí nomás

---

1. my dear girl (Yiddish)

tres platos pero no podía dejar de pensar en por qué Jaia se
había puesto así, por qué quería tener la foto encima de la
chimenea y qué tenía mi abuela Gertrudis para que se armara
mess, imbroglio   en mi casa tanto lío° por ella.

Nada, no tenía nada, ni nombre tenía, ni un buen y
honesto nombre judío, Sure o Surke, como las abuelas de los
demás, no señor: Gertrudis. Es que no hizo nunca nada
bien ni a tiempo, ni siquiera nacer. Como que mis bisabue-   150
great grandparents   los° venían en barco con tres hijos y mi bisabuela embaraza-
da. De Rusia venían, pero habían salido de Alemania para
ocean liner / moored   Buenos Aires en el "Madrid°" y cuando el barco atracó,° en
ese mismo momento a mi bisabuela le empezaron los dolores
del parto y ya creían que mi abuela iba a nacer en cubierta
entre los baúles y los canastos y los paquetes y la gente que
iba y venía, aunque todavía no sabían que lo que venía era
una chica. Pero mi bisabuelo y los hijos tuvieron que ir a tierra porque ya iban pasando casi todos y mi bisabuela quedó
writhing   allá arriba retorciéndose° y viendo a su familia ya en tierra   160
argentina y entonces pensó que lo mejor era que ella tam-
bién bajara y su hijo fuera argentino. Despacito, de a poco,
railing   agarrándose de la baranda° y con un marinero que la ayuda-
gangplank   ba, fue bajando. Y en medio de la planchada,° ¿qué pasa? Sí,
justamente, en medio de la planchada nació mi abuela. Mi
bisabuela se dejó caer sobre los maderos y allí mismo, con
ayuda del marinero alemán que gritaba algo que nadie entendía salvo los otros marineros alemanes, y de una mujer que
subió corriendo, llegó al mundo el último hijo de mi bisabuela, mi abuela Gertrudis.   170

De entrada nomás ya hubo lío con ella. Mi abuela, ¿era
argentina o era alemana? Yo creo que ni a la Argentina ni a
gave a hoot   Alemania les importaba un pito° la nacionalidad de mi abuela, pero los empleados de inmigración estaban llenos de
reglamentos que no decían nada sobre un caso parecido y no
sabían qué hacer. Aparte de que parece que mi bisabuela se
was sharp   las traía° y a pesar de estar recién parida empezó a los alari-
howls   dos° que su hija era argentina como si alguien entendiera lo
que gritaba y como si con eso le estuviera haciendo un regalo al país al que acababa de llegar, y qué regalo.   180

Al final fue argentina, no sé quién lo resolvió ni cómo,
probablemente algún empleado que estaba apurado por irse
a almorzar, y la anotaron en el puerto como argentina llegada
de Alemania aunque no había salido nunca de acá para allá, y

otro lío hubo cuando le preguntaron a mi bisabuelo el nombre. Habían pensado en llamarlo Ichiel si era varón, pero con todos los apurones del viaje no se les había ocurrido que podía ser una chica y que una chica también necesita un nombre. Mi bisabuelo miró a su mujer que parece que era lo
190 que hacía siempre que había que tomar una decisión, pero a ella se le habían terminado las energías con los dolores, los pujos,° la bajada por la planchada, los alaridos y los reclamos° sobre la nacionalidad de su hija que a todo esto berreaba° sobre un mostrador° envuelta en un saco del padre.

    —Póngale Gertrudis, señor, es un lindo nombre —dijo el empleado de inmigración.

    —¿Cómo? —dijo mi bisabuelo, claro que en ruso.

    —Mi novia se llama Gertrudis —dijo el tipo.°

***

    Mi bisabuelo supo recién después, al salir del puerto con
200 la familia, el equipaje y la recién nacida, lo que el empleado había dicho, porque se lo tradujo Naum Waisman que había ido a buscarlos con los dos hijos y el carro, pero para entonces mi abuela ya se llamaba Gertrudis

    —Sí, sí —dijo mi bisabuelo medio aturdido.°

    —Gertrudis, ¿entiende? es un lindo nombre —dijo el empleado.

    —Gertrudis —dijo mi bisabuelo como pudo y pronunciando mal las erres,° y así le quedó porque así la anotaron en el puerto.

210 De los otros líos, los que vinieron después con el registro civil y la partida de nacimiento,° más vale no hablar. Eso sí, por un tiempo todo estuvo tranquilo y no pasó nada más. Es decir, sí pasó, pero mi abuela no tuvo nada que ver.

    Pasó que estuvieron un mes en lo de Naum hasta aclimatarse, y que después se fueron al campo. Allí mi bisabuelo trabajó como tantero° pero en pocos años se compró la chacra° y la hizo progresar, al principio trabajando de sol a sol[1] toda la familia y después ya más aliviados y con peones; y todo anduvo bien, tan bien que hasta compró unas cuantas
220 hectareas más hasta que llegó a tener una buena propiedad.

    Para ese entonces mi abuela Gertrudis tenía quince años y ya era horrible. Bizca había sido desde que nació en la

pushes

demands

bellowed / counter

guy

confused

the "r"s

birth certificate

farm hand
farm

---

1. from sunrise to sunset

very thin

planchada del barco alemán, pero ahora era esmirriada° y chueca y parecía muda, tan poco era lo que hablaba. Mi bisabuelo tenía un montón de amigos en los campos vecinos y en el pueblo adonde iban todos los viernes a la mañana a quedarse hasta el sábado a la noche en lo de un primo hermano de mi bisabuela. Pero ni él ni su mujer tenían muchas esperanzas de casar a esa hija fea y antipática. Hasta que apareció mi abuelo León como una bendición del cielo.   230

Mi abuelo León no había nacido en la planchada de un barco, ni alemán ni de ninguna otra nacionalidad. Había nacido como se debe, en su casa, o mejor dicho en la de sus padres, y desde ese momento hizo siempre lo que debía y cuando debía, por eso todo el mundo lo quería y lo respetaba y nadie se rió de él y nadie pensó que era una desgracia para la familia.

Era viudo y sin hijos cuando apareció por lo de mis bisabuelos, viudo de Ruth Bucman que había muerto hacía un año. Parece que a mi bisabuela ya le habían avisado de qué 240 se trataba porque lavó y peinó y perfumó a su hija y le recomendó que no hablara aunque eso no hacía falta, y que mirara siempre al suelo para que no se le notara la bizquera que eso era útil pero tampoco hacía falta, y para que de paso se viera que era una niña inocente y tímida.

✳✳✳

in spite of

red-haired
almond-shaped

devilish, wicked

To top it off

Y así fue cómo mi abuelo León se casó con mi abuela Gertrudis, no a pesar de que° fuera tan fea sino precisamente porque era tan fea. Dicen que Ruth Bucman era la muchacha más linda de toda la colectividad, de toda la provincia, de todo el país y de toda América. Dicen que era pelirroja° y 250 tenía unos ojos verdes almendrados° y una boca como el pecado y la piel muy blanca y las manos largas y finas; y dicen que ella y mi abuelo León hacían una pareja como para darse vuelta y quedarse mirándolos. También dicen que ella tenía un genio endemoniado° y que les hizo la vida imposible a su padre, a su madre, a sus hermanos, a sus cuñadas, a sus sobrinos, a sus vecinos y a todo el pueblo. Y a mi abuelo León mientras estuvo casada con él.

Para colmo° no tuvo hijos: ni uno solo fue capaz de darle a su marido, a lo mejor nada más que para hacerlo quedar 260 mal, porque hasta ahí parece que llegaba el veneno de esa mujer. Cuando murió, mi abuelo largó un suspiro de alivio, durmió dos días seguidos, y cuando se levantó se dedicó a descansar, a ponerse brillantina en el bigote y a irse a caballo todos los días al pueblo a visitar a los amigos que Ruth había ido alejando de la casa a fuerza de gritos y de malos modos.

Pero eso no podía seguir así por mucho tiempo; mi abuelo León era todo un hombre y no estaba hecho para estar solo toda la vida, aparte de que la casa se estaba viniendo
270 abajo y necesitaba la mano de una mujer, y el campo se veía casi abandonado y algunos habían empezado a echarle el ojo° calculando que mi abuelo lo iba a vender casi por nada. *cast an eye on it*
Fue por eso que un año después del velorio° de su mujer mi *wake*
abuelo decidió casarse, y acordándose del infierno por el que había pasado con Ruth, decidió casarse con la más fea que encontrara. Y se casó con mi abuela Gertrudis.

La fiesta duró tres días y tres noches en la chacra de mi bisabuelo. Los músicos se turnaban en el galpón° grande y *shed*
las mujeres no daban abasto° en la cocina de la casa, en la de *couldn't keep up*
280 los peones y en dos o tres fogones° y hornos que se habían *charcoal pits*
improvisado al aire libre. Mis bisabuelos tiraron la casa por la ventana[1] con gusto. Hay que ver que no era para menos, si habían conseguido sacarse de encima semejante clavo° *good for nothing*
y casarla con el mejor candidato en cien leguas° a la redonda.° *leagues (measurement) / all around*

Mi abuela no estuvo los tres días y las tres noches en la fiesta. Al día siguiente nomás de la ceremonia ya empezó a trabajar para poner en orden la casa de su marido y a los nueve meses nació mi tío Aarón y un año después nació mi tío Jaime y once meses después nació mi tío Abraham y así.
290 Pero ella no paró nunca de trabajar. Hay que ver las cosas que contaba mi tía Raquel de cómo se levantaba antes que amaneciera y preparaba la comida para todo el día, limpiaba la casa y salía a trabajar en el campo; y de cómo cosía de noche mientras todos dormían y les hacía las camisas y las bombachas° y hasta la ropa interior a los hijos y al marido y los vesti- *trousers*
dos a las hijas y las sábanas y los manteles y toda la ropa de la casa; y de los dulces y las confituras° que preparaba para el *jams*
invierno, y de cómo sabía manejar a los animales, enfardar,° *to bale*
embolsar° y ayudar a cargar los carros. Y todo eso sin decir *bag*
300 una palabra, siempre callada, siempre mirando al suelo para que no se le notara la bizquera. Hay que reconocer que le alivió el trabajo a mi abuelo León, chiquita y flaca como era,

---

1. *lit.*, threw the house out the window; *fig.*, did not spare any expense

stamina
dressed up
harness

on and on

porque tenía el aguante° de dos hombres juntos. A la tarde
mi abuelo ya no tenía nada más que hacer: se emperifollaba°
y se iba para el pueblo en su mejor caballo, con los arneses°
de lujo con los que mi abuela ya se lo tenía ensillado, y como
a ella no le gustaba andar entre la gente, se quedaba en la chacra y seguía dale que dale.° Y así pasó el tiempo y nacieron
los ocho hijos y dicen mis tías que ni con los partos mi abuela
se quedó en cama o dejó de trabajar un sólo día.   310

Por eso fue más terrible todavía lo que pasó. Cierto que
mi abuelo León no era ningún santo y cierto que le gustaban
las mujeres y que él les gustaba a ellas, y cierto que alguna

gossip

vecina mal intencionada le fue con chismes° a mi abuela y
que ella no dijo nada ni hizo ningún escándalo ni lloró ni
gritó, cierto; y eso que mi abuelo se acordó de repente de
Ruth Bucman y anduvo unos días con el rabo entre las piernas[1] no fuera que a mi abuela le fuera a dar por el mismo
lado. No digo que él haya estado bien, pero ésas son cosas
que una mujer sabe que hay que perdonarle a un hombre, y 320
francamente no había derecho a hacerle eso a mi abuelo, ella
que tendría que haber estado más que agradecida porque mi
abuelo se había casado con ella. Y más cruel fue todo si se
piensa en la ironía del destino, porque mi abuelo les quiso
dar una sorpresa y hacerles un regalo a todos sus hijos y a sus
hijas. Y a mi abuela Gertrudis también, claro.

Un día, mientras estaban los ocho hijos y mi abuelo León

pots

comiendo y mi abuela iba y venía con las cacerolas° y las fuentes, mi abuelo contó que había llegado al pueblo un fotógrafo
ambulante y todos preguntaron cómo era y cómo hacía y qué 330
tal sacaba y a quiénes les había hecho fotografías. Y mis tías le
pidieron a mi abuelo que las llevara al pueblo a sacarse una
foto cada una. Entonces mi abuelo se rió y dijo que no, que él
ya había hablado con el fotógrafo y que al día siguiente iba a ir
con sus máquinas y sus aparatos a la chacra a sacarlos a todos.

applauded

Mis tías se rieron y dieron palmadas° y lo besaron a mi abuelo
y se pusieron a charlar entre ellas a ver qué vestidos se iban a
poner; y mis tíos decían que eso era cosa de mujeres y lujos

smoothed

de la ciudad pero se alisaban° las bombachas y se miraban de
costado en el vidrio de la ventana.   340

Y el fotógrafo fue al campo y les sacó a todos esa foto
marrón en cartulina dura que está ahora encima de la chime-

---

1. *lit.,* with his tail between his legs; *fig.,* ashamed, in low spirits

nea de mi casa en un marco dorado con adornos y que Jaia
no me deja sacar de ahí.

Era rubio el fotógrafo, rubio, flaco, no muy joven, de pe-
lo enrulado,° y rengueaba° bastante de la pierna izquierda.   *curly / limped*
Los sentó a todos fuera de la casa, con sus mejores trajes, pei-
nados y lustrados° que daba gusto verlos. A todos menos a   *polished*
mi abuela Gertrudis que estaba como siempre de negro y
350 que ni se había preocupado por tener un vestido decente.
Ella no quería salir en la foto y dijo que no tantas veces que
mi abuelo León ya estaba medio convencido y no insistió
más. Pero entonces el fotógrafo se acercó a mi abuela y le
dijo que si alguien tenía que salir en la foto, era ella; y ella le
dijo algo que no sé si me contaron qué fue y me olvidé o si
nadie oyó y no me contaron nada, y él le contestó que él
sabía muy bien lo que era no querer salir en ninguna foto o
algo así. He oído muchas veces el cuento pero no me acuerdo de las palabras justas. La cosa es que mi abuela se puso al
360 lado de mi abuelo León, entre sus hijos, y así estuvieron
todos en pose un largo rato y sonrieron, y el fotógrafo rubio,
flaco y rengo, les sacó la foto.

Mi abuelo León le dijo al fotógrafo que se quedara esa
noche allí para revelarla y para que al día siguiente les sacara
otras. Así que esa noche mi abuela le dio de comer a él también. Y él contó de su oficio y de los pueblos por los que
había andado, de cómo era la gente y cómo lo recibían, y de
algunas cosas raras que había visto o que le habían pasado.
Y mi tío Aarón siempre dice que la miraba como si no le
370 hablara más que a ella pero vaya a saber si eso es cierto porque no va a haber sido él el único que se dio cuenta de algo.
Lo que sí es cierto es que mi abuela Gertrudis se sentó a la
mesa con la familia y eso era algo que nunca hacía porque
tenía que tener siempre todo listo en la cocina mientras los
demás comían, para ir sirviéndolo a tiempo. Después que
terminaron de comer el fotógrafo salió a fumar afuera porque
en esa casa nadie fumaba, y mi abuela le llevó un vasito de
licor, y me parece, aunque nadie me lo dijo, que algo deben
haber hablado allí los dos.
380 Al otro día el fotógrafo estuvo sacando fotos toda la
mañana: primero mi abuelo León solo, después con los
hijos, después con las hijas, después con todos los hijos juntos, después mis tías solas con sus vestidos bien planchados y
el pelo enrulado; pero mi abuela Gertrudis no apareció, ocu-

dairy

shutter / ajar

mounted / border

worn-out carriage

fastening
milked
absolutely nothing

one by one

pada en el tambo° y en la casa. Pero qué cosa, yo que no la conocí, yo que no había nacido, como que mi padre era un muchachito que no conocía a mi madre todavía, yo me la imagino ese día escondida, espiándolo desde atrás de algún postigo° entornado° mientras la comida se le quemaba sobre el fuego. Imaginaciones mías nomás porque según dicen mis 390 tías nunca se le quemó una comida ni descuidó nada de lo de la casa ni de lo del campo.

El fotógrafo reveló las fotos y almorzó en la casa y a la tarde las pegó° en los cartones con una guarda° grabada y la fecha y mi abuelo León le pagó. Cuando terminaron de comer, ya de noche, él se despidió y salió de la casa. Ya tenía todo el break destartalado° en el que había aparecido por el pueblo, y desde la oscuridad de allá afuera les volvió a gritar adiós a todos. Mi abuelo León estaba contento porque les había sacado unas fotos muy buenas pero no era como para 400 acompañarlo más allá de la puerta porque ya le había pagado por su trabajo más que nadie en el pueblo y en las chacras. Se metieron todos adentro y se oyó al caballo yéndose y después nada más.

Cuando alguien preguntó por mi abuela Gertrudis, que hasta hoy mis tíos discuten porque cada uno dice que fue él el que preguntó, mi abuelo León dijo que seguramente andaría por ahí afuera haciendo algo, y al rato todos se fueron a acostar.

Pero a la mañana cuando se levantaron encontraron toda- 410 vía las lámparas prendidas sobre las mesas y los postigos sin asegurar.° No había fuego ni comida hecha ni desayuno listo ni vacas ordeñadas° ni agua para tomar ni para lavarse ni pan cocinándose en el horno, ni nada de nada.° Mi abuela Gertrudis se había ido con el fotógrafo.

Y ahora digo yo, ¿tengo o no tengo razón en decir que esa foto no tiene por qué estar en la chimenea de mi casa? ¿Y cuando los chicos pregunten algo?, le dije un día a Jaia. Ya vamos a ver, dijo ella. Preguntaron, claro que preguntaron, y delante de mí. Por suerte Jaia tuvo la sensatez de no 420 explicar nada:

—Es la familia de papá —dijo—, hace muchos años en el campo, cuando vivían los abuelos. ¿Ven? El zeide, la bobe,[1] tío Aarón, tío Isidoro, tío Salo.

Y así los fue nombrando y señalando uno por uno° sin

---

1. grandpa and grandma (Yiddish)

hacer comentarios. Los chicos se acostumbraron a la foto y ya no preguntaron nada más.

 Hasta yo me fui acostumbrando. No es que esté de acuerdo, no, eso no, pero quiero decir que ya no la veo, que
430 no me llama la atención, salvo que ande buscando algo por ahí y tenga que mover el marco dorado con adornos. Una de esas veces le pregunté a Jaia que estaba cerca mío revolviendo los estantes° del bahut:°   *shelves / cupboard*

 —¿Me vas a explicar algún día qué fue lo que te dio por poner esta foto acá?

 Ella se dio vuelta y me miró:

 —No —me dijo.

 No me esperaba eso. Me esperaba una risita y que me dijera que sí, que alguna vez me lo iba a contar, o que me lo
440 contara ahí mismo.

 —¿Cómo que no?

 —No —me dijo de nuevo sin reírse—, si necesitás que te lo explique quiere decir que no merecés que te lo explique.

 Y así quedó. Encontramos lo que andábamos buscando; o no, no me acuerdo y nunca volvimos a hablar Jaia y yo de la foto de mi abuela Gertrudis sobre la chimenea en su marco dorado con adornos. Pero yo sigo pensando que es una ofensa para una familia como la mía tener en un lugar tan visible la foto de ella que parecía tan buena mujer, tan trabajadora,
450 tan de su casa, y que un día se fue con otro hombre abandonando a su marido y a sus hijos de pura maldad nomás,° sin   *by sheer malice* ningún motivo.

EXPRESIONES

con el rabo entre las piernas: avergonzado

dar palmadas: aplaudir, felicitar

el aguante: la paciencia

en cien leguas a la redonda: en un área muy grande

estar lleno de reglamentos: tener demasiadas leyes burocráticas

fea con ganas: demasiado fea

hecha una fiera: furiosa

medio en broma medio en serio: entre dos extremos, sin comprometerse

no dar abasto: no poder realizar todo lo que se quiere

para colmo: además de todo

por pura maldad no más: estar motivado solamente por un acto malo en sí mismo, sin otras razones

un montón: mucho

PREGUNTAS

1. ¿Por qué se llama el cuento "La cámara oscura"?
2. ¿A qué tipo de minoría étnica o religiosa pertenecen los personajes?
3. ¿Quién es Jaia? ¿Qué personalidad tiene?
4. ¿Cuál es el nombre completo del narrador y cómo lo llaman sus amigos?
5. ¿Qué relación hay entre la abuela Gertrudis y Jaia?
6. ¿Qué relación hay entre Jaia y su esposo?
7. ¿Cuántos años hace que están casados Jaia y el narrador?
8. ¿Cuándo y cómo nació Gertrudis y por qué le pusieron sus padres ese nombre?
9. ¿Por qué se casó Gertrudis con un viudo?
10. ¿Quién es Léon y cómo es su personalidad?
11. ¿Por qué mantiene Jaia la fotografía de la familia de su esposo sobre la chimenea?
12. ¿Por qué se escapa la abuela Gertrudis con el fotógrafo y por qué se convierte la fotografía en un foco de conflicto entre el narrador y su esposa?
13. ¿Por qué introduce la autora palabras y expresiones en idish? ¿Qué efecto producen?
14. ¿Por qué le dice Jaia a Isaac: "Si necesitas que te explique quiere decir que no mereces que te explique"?

PARA COMENTAR Y ESCRIBIR

1. ¿Cuál es el tema central de "La cámara oscura"?
2. Describa la actitud del narrador. ¿Es irónica o seria?
3. Comente el título en relación con el tema principal del cuento.
4. Describa la estructura del cuento. ¿Por qué empieza el narrador por describir el conflicto alrededor de la fotografía y después describe la vida de Gertrudis?
5. Discuta el tema de la mujer en la sociedad de América Latina. ¿Qué libertades ha logrado en los últimos años? ¿Qué le falta todavía?
6. Compare la vida doméstica de las mujeres en los Estados Unidos y en América Latina. ¿Qué diferencias hay?
7. ¿Es América Latina una sociedad multi-étnica? ¿Pueden distintos grupos minoritarios cohabitar de manera respetuosa y pacífica? ¿Qué diferencia hay con los Estados Unidos?

8. ¿Considera usted el escape final de Gertrudis como un signo de rebeldía social? Si la respuesta es afirmativa, ¿puede usted indicar qué llevó al personaje a tal extremo? ¿Podría haber encontrado otras soluciones para su problema interno?

9. ¿Tiene Jaia el mismo potencial para escaparse? ¿Es Jaia tan o más rebelde que Gertrudis? ¿Hay continuidad entre las dos generaciones?

10. ¿Cuál es el mensaje de "La cámara oscura"? ¿Qué intenta decirnos la autora?

Alfredo Bryce Echenique

PERÚ

Alfredo Bryce Echenique was born in 1939 in Lima, Peru. Hoping to become a prominent *littérateur,* he left his country in 1964 after simultaneously receiving law and literature degrees (his thesis was on the function of Hemingway's dialogues). He first enrolled in the Sorbonne in Paris, then moved to Italy, Greece, and Germany before returning to France and settling in Montpellier, where for years he taught Latin American literature and civilization at the University Paul Valéry. His collection of stories *Huerto cerrado* (1969) won an honorable mention in the Casa de las Américas literary contest. His first novel, *Un mundo para Julius* (1970), published when the author was 31, was the recipient of Peru's top literary honor, the Premio Nacional de Literatura. The novel deals with the ways of the aristocracy in the nation's capital during the fifties. The action is seen through the eyes of an innocent boy, and the plot studies the frivolity and excess of the very rich. Bryce Echenique is also the author of a collection of stories, *La felicidad jaja* (1974), source of "El Papa Guido Sin Número." His other works include the novel *Tantas veces Pedro* (1977), the volume of journalistic essays *A vuelo de buen cubero* (1977, expanded into *Crónicas personales,* 1988), the novels *La vida exagerada de Martín Romaña* (1981), *El hombre que hablaba de Octavia de Cádiz* (1985), *La última mudanza de Felipe Carillo* (1989), and a second collection of stories, *Dos señoras conversan* (1990). His works have been translated into fifteen languages. Bryce Echenique, who toured American universities in 1982, now lives in Barcelona. Starting with the very title of "El Papa Guido Sin Número," Echenique presents the subtleties involved not only in family relationships but in society at large. Language and social class place behavioral expectations on individuals, and Echenique uses irony, mockery and ridicule to reflect on the social realities that provide the context for the characters of his short story.   The author also emphasizes the connections between the literary imagination and the daily fantasy forced upon individuals by family relationships.   It is a forceful and funny story that will certainly not conform to the reader's expectations.

Criticism

Gutiérrez Mouat, Ricardo. "Lector y narratario en dos relatos de Bryce Echenique," *Inti* 24–25 (Fall 1986–Spring 1987): 107–27.

Lafuente, Fernando R. *Alfredo Bryce Echenique.* Madrid: Ediciones Cultura Hispánica, 1991.

Luchting, Wolfgang A. *Alfredo Bryce: Humores y malhumores.* Lima: Editorial Milla Batres, 1975.

Stavans, Ilán. "Roll Over, Vargas Llosa," *The Nation* 256, 7 (February 22, 1993): 244–46.

El Papa Guido Sin Número

a Sophia y Michel Luneau

burial

as an excuse

—Vengo del pestilente entierro° del Papa —dijo mi hermano, por toda excusa.° Como siempre, había llegado tarde al almuerzo familiar.

—¿El entierro de quién? —preguntó mi padre, que era siempre el último en escuchar.   Y a mi hermano le reventa-

hated

ba° tanto que lo interrumpieran cuando se arrancaba con una de sus historias, que un día me dijo—: Definitivamente, Manolo, no hay peor sordo que el que sí quiere oír.[1]

—Esta mañana enterraron al Papa Guido, papá.

—¿Al Papa qué?   10

—Al Papa Guido Sin Número.

—¿Guido sin qué?

—Carlos, por favor —intervino, por fin, y como siempre, mi madre—, habla más fuerte para que se entere tu padre.

---

1. *lit.,* no one is as hard of hearing as he who wants to hear; *fig.,* to know is to want to know (word play with the expression "no hay peor sordo que el que no quiere oir").

—Lo que estaba diciendo, papá, es que esta mañana enterraron al Papa Guido Sin Número.

—Uno de tus amigotes, sin duda alguna —volvió a interrumpir mi padre, esta vez para desesperación de mi herma-
20 no, primero, y de todos, después.

—Déjalo hablar —volvió a intervenir mi madre, eterna protectora de la eterna mala fama de mi hermano Carlos, el mejor de todos nosotros, sin lugar a dudas, y el único que sabía vivir, en casa, precisamente porque casi nunca paraba en casa. Por ello conocía historias de gente como el Papa Guido Sin Número, mientras yo me pasaba la vida con el dedo en la boca[1] y los textos escolares en mi vida.

Por fin, mi padre empezó a convertirse en un sordo que por fin logra oír, y aunque interrumpió varias veces más, por
30 eso de la autoridad paterna, Carlos pudo contarnos la verídi-ca° y trágica historia del Papa Guido Sin Número, un cura° *authentic / priest* peruano que colgó los hábitos, como quien arroja la espon-ja,[2] tras haberle requeteprobado, íntegro al Vaticano, méritos más que suficientes para ser Papa *Urbi et orbi,*° y que siendo *of the city and the whole world* descendiente de italianos, para colmo de males se apellidaba Sangiorgio, por lo cual, como le explicó enésimas° veces al *many times* Santo Padre de Roma, en Roma, ya desde el apellido tengo algo de santo, Santo Padre.

—No entiendo nada —dijo mi padre.
40   —Lo vi muerto la primera vez que lo vi —continuó mi hermano.

—¿Lo viste qué?

—Quiero decir, papá, que la primera vez que lo vi, Pi-chón de Pato°.... *Duckling (a nickname)*

—¿Y tú tienes amigos llamados Pichón de Pato? —inte-rrumpió mi padre nuevamente.

—Deja hablar a tu hijo, Fernando.

Mi hermano miró como diciendo es la última interrup-ción o se quedan sin historia, y prosiguió. Estaba en el "Bar
50 Zela" (mi padre no se atrevió a condenar a muerte al "Bar Zela"), y dos golpes seguidos sonaron a mi espalda. El prime-ro, sin duda alguna, había sido un perfecto *uppercut* al men-tón,° y el otro un tremendo costalazo.° Volteé a mirar y, en *chin / a terrible blow to the body*

---

1. *lit.,* sucking my thumb; *fig.,* being innocent or acting innocently
2. *lit.,* hung up his habit, like someone who throws in the sponge; *fig.,* gave up the priesthood like someone who abandons everything without much trouble

efecto, Pichón de Pato acababa de entrar en busca de Guido Sangiorgio a quien había estado buscando siete días y sus noches, como a Juan Charrasqueado[1]....

—¿Como a quién? —interrumpió mi padre.

—Mira, papá, tómalo con calma, y créeme que llenaré cada frase de explicaciones innecesarias para que nada se te escape. ¿De acuerdo?   60

—¿Qué?

by heart

—Te contaré, por ejemplo, que Juan Charrasqueado es una ranchera[2] que toda América Latina se sabe de paporreta° y en la que Juan Charrasqueado que es Juan Charrasqueado como en la ranchera que lleva su nombre, precisamente, se encuentra bebiendo solo en una cantina y pistola en mano le cayeron de a montón.[3] Esto fue en México, papá, o sea que nada tiene que ver con la reputación, excelente por cierto, según el cristal con que se mire,[4] del "Bar Zela". A Juan Zela le cayeron pistola en mano y de a montón y no tuvo tiempo de 70 montar en su caballo, papá, cuando una bala atravesó su corazón. Así, igualito que en la ranchera, papá, Pichón de Pato, rey

inexpensive / Bar Zela

de la Lima *by night*, a bajo costo,° apareció por el "Zela°" y Guido no tuvo tiempo de decir esta boca es mía. Lo dejaron

sawdust (on the floor)

tendido sobre el aserrín° de los que mueren en el "Zela".

A la legua[5] se notaba que Carlos se había tomado más de una mulita de pisco° en aquella mítica chingana° frente al

more than one drink of pisco (Peru) / poor bar

Cementerio del Presbítero Maestro, cuyo nombre, "Aquí se está mejor que al frente", despertaba en mí ansias de vivir sin el dedo en la boca y sin la eterna condena de los textos 80

forever

escolares *ad vitam aeternam*.° Nunca envidié a mi hermano Carlos. Ese era mi lado noble. Pero en cambio lo admiré como a un Dios. Ése era mi dedo en la boca.

Mi padre ya no se atrevía a interrumpir, y fue así como mi hermano Carlos descubrió a ese increíble personaje que fue el Papa Guido Sin Número. Lo conoció muerto sobre el aserrín del "Zela" y, años más tarde, o sea esa misma mañana, antes de

1. famous Mexican folk hero
2. Mexican folk song
3. a group of men, a bunch
4. This expression is taken from a popular verse: "Nada es verdad y nada es mentira, todo es según el cristal con que se mira," which means that all meaning depends on point of view.
5. *lit.,* From far away; *fig.,* Obviously

entrar a tomarse una mulita de pisco, luego dos y cinco o seis,
lo acompañaría hecho una gangrena humana° hasta el eterno   *physically destroyed*
90 descanso de su alma terriblemente insatisfecha.

    Increíblemente, yo logré ver al Papa Guido una mañana
por las calles de París, ciudad en la que continuaba mi vida
pero ahora con textos universitarios. Era exacto a Caruso[1] y
vestía de Caruso y sus ojos sonreían locura y sus escarpines°   *slippers*
blancos perfeccionaban a Caruso caminando por las calles de
París, hacia el año 67. Eran ya los tiempos de la decadencia y
caída del Papado, pero el Papa Guido Sin Número, convertido
ahora en Caruso, hacía pasar inadvertida cualquier preocupación de ese tipo. Del aeropuerto de París habían llamado a la
100 Embajada del Perú y habían explicado que no se trataba de
delito alguno pero que qué hacían, ¿lo detenían o no?
Mientras tanto, el extravagante peruano se dirigía ya a París y
que allá en París se encargarían de él. La Policía había cumplido con avisar a la Embajada. Y el extravagante peruano pudo
seguir avanzando rumbo a París, a ratos a pie, a ratos en taxi,
sonriente y con el maletín° que contenía decenas de miles de   *small piece of luggage*
dólares que iba lanzando cual pluma al viento mientras canta-
ba *La dona é mobilo qual piumu ul....*[2] E increíblemente
apareció todavía con dólares al viento por la rue des Écoles°   *Paris street (School Street)*
110 yo me pasé a la acera de enfrente de puro dedo en la boca, lo
reconozco, aunque también, es cierto, para observar mejor
un espectáculo que ahora, escuchando a mi hermano hablar,
empezaba a revelarme su trágico y fantástico contenido.

    Cotejé° datos con Carlos, y me explicó que en efecto   *compared*
ese dinero se lo había ganado el Papa Guido Sin Número, en
su fabulosa época de publicista. Si bien era cierto que de
una revista muy prestigiosa lo largaron porque su director, al
ver que le llovían anuncios como nunca, investigó las andan-
zas° de Guido, descubriendo que trabajaba pistola en mano   *adventures*
120 y con la amenaza de volver pistola en mano por más avisos o
disparo, también era cierto que obtuvo el récord mundial de
avisaje° para esa revista. O casi. Bueno, papá, es una mane-   *publicity*
ra de contar las cosas. Pero no me negarás que quien llenó
la avenida Arequipa de tubos encendidios de Kolynos[3] fue el

---

1. famous male opera singer of the early part of the 20th century
2. aria from Verdi's opera, *Rigoletto*: "Woman changes like a feather in (the wind)."
3. *Kolynos* is a brand of toothpaste in Peru. El Papa Guido placed the advertising lights for *Kolynos* on each side of the avenue.

Papa Guido Sin Número. De Miraflores a Lima colgó tubos en ambas pistas de la avenida, un tubo iluminado de Kolynos en cada poste de luz.

ruined

—¿Con que fue él? Malogró° por completo la avenida Arequipa.

—Pero no negarás, papá, que hasta hoy nos tiene a todos 130 los peruanos lavándonos los dientes con Kolynos, a pesar de que la televisión se mata anunciando otros dentífricos.

—Yo me sigo lavando con pasta inglesa —jodió el asunto,[1] una vez más, mi padre. Y agregó que llevaba cincuenta años de lavanda y talco "Yardley" y pasta de dientes inglesa y que para algo había trabajado como una bestia toda la....

La vida del Papa Guido Sin Número, lo interrumpió mi hermano, esta vez, fue la de una muy temprana vocación sacerdotal. Empezó por una infancia de sacristán precoz, de acólito permanente, y de niño cantor de Viena, o algo por el 140 estilo, en cuanto coro sagrado necesitara coro cualquiera de cualquier iglesia de Lima. Nunca se limpiaba los zapatos porque, según decía él, ya a los cinco años, la limpieza se la debo a Dios y por ello sólo me ocupo de limpiar altares. Y en esto llegó hasta al fetichismo porque prefirió siempre los altares en los que se acababa de celebrar la santa misa. Huelen a Dios, explicó, y a los 11 años cumpliditos partió a su primer convento, cosa que a sus padres en un primer momento y convento no les preocupó, porque estaban seguros de que regresaría a casa al cumplir los 11 años y una 150

rape

semana, pues ya a los diez había intentado violarse° a la lavandera y a la cocinera. Y a las dos al mismo tiempo, papá.

—Sigue, sigue....

Pero no volvió más y a Roma llegó a la temprana edad de 17 años, con los ojos abiertos inmensos y dulzones debido a la maravilla divina y la proximidad vaticana. Nunca se descu-

stowaway / meetings

brió que se había metido de polizonte° en tres cónclaves° seguidos....

—¿Se había metido de qué?

from very close

—Se zampó a tres cónclaves,[2] papá, y vio de cerquísima° 160 cada secreto de la elección de tres presidentes....

all

—Querrás decir de tres papas —lo interrumpió nuevamente mi padre, aunque feliz esta vez porque tenía todita° la razón.

---

1. *lit.,* he screwed up the matter; *fig.,* he ruined everything
2. He got into three meetings without being invited

Y mi hermano, que sin duda alguna se había metido como
mil mulitas de pisco,° en "Aquí se está mejor que al frente",   *a lot to drink*
dijo que con las causas perdidas era imposible, pero inmediatamente agregó que se estaba refiriendo a nuestro Papa, para evitar que lo botaran° de la mesa. Y contó que, en efecto,   *throw out*
aunque nunca se le logró probar nada, a Guido se le atribuían
170 horas y horas de atentísimas lecturas, subrayando frases claves,
de la vida de los Borgia, los Médicis,¹ y *El Príncipe* de
Maquiavelo, añadiendo, por todo comentario, que eso nuestro
futuro Papa lo llevaba en la sangre, para que cada uno de nosotros juzgara a su manera. Lo cierto es que, al cumplir los cua-
renta, Guido, nuestro futuro Guido Sin Número se hartó de
forzar entrevistas con importantísimos cardenales influyentísi-
mos,° representantes de tres congregaciones representantes   *very influential*
de tres multinacionales y la Banca suiza, se aburrió de aprobar
exámenes que no existían (pero que él logró que le impusie-
180 ran), de sabiduría divina, humana, e informática, y así poquito
a poco° y con paciencia de santo logró probar que había naci-   *slowly*
do para ser Papa, ni un poquito menos, ante todita la curia
romana,° íntegro el Vaticano, y ante el mismísimo Papa en ejer-   *the entire Roman curia*
cicio, perdón, pero para la historia de las fechas y nombres   *(church administration)*
nunca fui bueno, para eso tienen a Manolo que se sabe los
catorce incas y cuenta papas cada noche para dormirse.² En
fin, un Pío de esos en ejercicio fue quien organizó la secreta
patraña° de nombrarlo Papa honorario con el nombre de   *the secret humbug*
Guido Sin Número, y nada menos que en la Basílica de San
190 Pedro, aunque en un rinconcito° y de noche, eso sí, y todo   *a small corner*
esto, según le explicó el Papa al Papa Guido, papá, *tutto ques-*
to, collega Guido Senza Numero, caríssimo figlio mio (Guido
ya estaba pensando *figlio di putana,*³ perdón papá), en fin,
todo esto porque siempre fue, era, es y será demasiado pronto
para que un peruano pueda aspirar a Papa, por más vocación y
curriculum vitae que tenga, Guido, y ahora no te me vayas a
volver cura obrero, por favor, pero *pasarán más de mil años,*
*muchos más, yo no sé si tenga amor, la eternidad*⁴....
¡Santo Padre! —exclamó Guido—, ¡no me venga usted

---

1. powerful Florentine families of the Renaissance
2. who knows the names of the 14 Inca kings and counts popes each night in
   order to fall asleep.
3. all this, my colleague Guido without a number, my dear son...s.o.b.
4. bolero lyrics; popular songs of the forties and fifties

ahora con letras de bolero! ¡Qué estafa! ¡Qué escándalo! 200
¡Ay...! ¡Hay...! *¡Hay golpes en la vida... yo no sé!* [1]
¡Y tú no me vengas con versos de Vallejo!

Está bien —dijo Guido, realmente anonadado—. Está
bien. La Iglesia, y no el diablo, me aleja para siempre de Dios.
El Santo Padre de Roma, y no Satanás, me acerca para siempre
al infierno. *Ho capito...*° *Tutto... Bene... Beníssimo...*° No
me dejaron ser el mejor entre los mejores.... Pues seré el
peor entre los peores....

—Sujétenlo° —ordenó el Santo Padre—: éste es capaz
de armar la de Dios es Cristo.[2]   210

Pero Guido no armó nada y más bien el resto de su vida
fue un exhaustivo e intenso andar desarmándose. A Lima
llegó ya sin sotana° y explotando al máximo su gran parecido
a Caruso. Bastón,° zapatos de charol,° chaleco° de fantasía,
corbata de lazo y seda azul, enorme y gruesa leontina de
oro,° clavel° en el ojal,° sombrero exacto al de Caruso y la-
deado° como Caruso. Un año más tarde era el hombre más
conocido por las muchachas en flor° que salían del colegio
Belén, a las doce del día y a las cinco de la tarde. Sus bombo-
nes° llegaron a ser el pan nuestro de cada día de cinco ado- 220
lescentes y Guido visitó la cárcel por primera vez en su vida.
Durante los meses que duró su reclusión, leyó incesante-
mente *El diablo* de Giovanni Papini, un poco por no olvidar
nada y otro poco por recordarlo todo, según explicaba en el
perfecto latín que desde entonces usó siempre para dirigirse
a la Policía peruana. No le entendían ni papa.[3]

—Pero la cárcel lo marcó —explicó mi hermano, haciendo exacto el gesto del que se toma una mulita de pisco seco
y voltea'o.

—Borracho, además de todo —sentenció mi padre.   230

—Y de los buenos —continuó mi hermano—. Borracho
de esos que logran sobrevivir a noventa grados bajo corcho.[4]
Cada borrachera del pobre Guido era un verdadero descenso
del trono vaticano hasta el mismo infierno. Podía empezar
en el "Ritz°", en París, y seguro que ésa fue la vez en que lo
viste arrojando oro y más oro por París, Manolo; podía empe-

---

1. first line of a poem by Peruvian poet Cesar Vallejo, "Los heraldos negros"
2. *fig.,* to make a mess, an uproar.
3. They did not understand a word he said; *ni papa:* nothing
4. *lit.,* 90 degrees under the cork (an alcoholic)

Margin glosses:

I understand / well, very well

Tie him up

without a cassock
cane / patent leather / vest

gold watch chain / carnation / buttonhole
tilted to one side
adolescent girls

chocolate candy

first-class hotel in Paris

zar en los casinos de Las Vegas, jugándose íntegra° una de   *complete*
esas fortunas que hacía de la noche a la mañana y deshacía
en los seis meses que tardaba en llegar al infierno de los
240 muladares° pasando de un país a otro, decayendo de bar en   *rubbish heaps*
bar, esperando que el diablo se le metiera en el cuerpo y lo
fuera llenando de esas llagas asquerosas° que día a día apesta-   *disgusting sores*
ban más, a medida que se iban extendiendo por todo su
cuerpo, obligándolo a rascarse,° a desangrarse sin sentirlo,[1]   *to scratch*
anestesiado por meses de alcohol que empezaba siendo
champán en "Maxim's" y terminaba siendo mezcal[2] o tequila
en alguna taberna de Tijuana, de donde otros borrachos lo
largaban a patadas° porque nadie soportaba la pestilencia de   *kicks*
esas llagas sangrantes entre la ropa hecha jirones° por la   *torn*
250 manera feroz en que se rascaba. Lo rescataban en los muladares, a veces cuando los gallinazos° ya habían empezado a   *turkey buzzards*
picoteárselo.° Lo rescataba la Policía sin entender ni papa   *pecking at him*
de lo que andaba diciendo en latín, pero las monjas de la
Caridad,° que tantas veces lo recibieron en sus hospicios,°   *the nuns of the order of*
afirmaban que no parecía mentir cuando narraba delirantes   *Charity / poorhouses*
historias en las que había sido Papa, nada menos que Papa, y
en las que ahora era el diablo, nada menos que el diablo, y
todo por culpa del Papa de Roma. Se conocía hasta el más
mínimo detalle de la vida cotidiana en el Vaticano, agregaban
260 a menudo° las monjitas espantadas° y algunas hasta tuvieron   *often / scared*
problemas porque una vez en Quito sorprendieron a tres
besándole las llagas. Las tres se desmayaron° ipso facto° y   *passed out / immediately*
otra que vino y las encontró tiradas al pie de la cama gritó
¡Milagro! y se desmayó también y después vino otra y lo
mismo y una medio histérica que entró a ver qué pasaba chilló que era el Señor de los Desmayos antes de ahogarse en su
propio alarido° y de ahí al milagro, comprenderán ustedes....   *scream*
    —¿Pero no dijiste que apestaba horrores°? —intervino   *smelled terrible*
mi padre.
270   —Yo qué sé, papá. A lo mejor en eso estaba precisamente lo milagroso: en que las monjitas le besaron las llagas porque no sentían el olor y....
    —Anda hombre....
    —Bueno, lo cierto es que lo curaban hasta dejarlo fres-
co° como una rosa, lozano° e italiano como Caruso porque él   *fresh / exuberant*

---

1. until he bled to death without feeling it (exaggeration)
2. Mexican alcoholic drink

martyrdom

boxes of chocolates

knocked out
squandering

little blister / smell

flung stones

human waste
you pig

tar, pitch

almost begging

stink

mismo les diseñaba, entre amables sonrisas de convaleciente
de mártir, porque lo suyo había sido un verdadero martirologio,° según afirmaban y confirmaban las monjitas, él mismo
les diseñaba su nueva ropa de Caruso a la medida y volvía a
salir al mundo en busca de una nueva vida, que era siempre   280
la misma, dicho sea de paso. Negocios geniales, intensas jor-
nadas con mil llamadas a la Bolsa de Nueva York, por ejemplo, presencia obligada, con deliciosas cajas de bombones,°
en todos los colegios de chicas, cambiando siempre de colegio para despistar a la Policía, y un día la cumbre: una nueva
fortuna, fruto del negocio más genial o de estafas como las
que le pegó a Pichón de Pato siete días antes de que lo conociera yo noqueado° sobre el aserrín del "Bar Zela". De la
cumbre a la primera gran borrachera, derrochando,° rodeado
de gloria y muchachitas en los cabarets más famosos. Eso   290
podía durar días y hasta semanas. Duraba hasta que le salía
la primera llaguita.° Alguien detectaba el hedor° en un fino
cabaret. Cuatro, cinco meses después, patadas de asco como
a un leproso de mierda y el pobre Guido con las justas logra-
ba comprarse las últimas botellas de cualquier aguardiente,
aquellas que se llevaba entre pedradas° cuando la ciudad lo
expulsaba hasta obligarlo a confundirse con sus propios muladares, ya convertidos en escoria humana.°
   —No son historias para contar en la mesa, asqueroso° —intervino mi padre, por eso de la autoridad paterna.   300
   —Bueno —dijo mi hermano que, a pesar de las copas,
veía a través del alquitrán° y además conocía perfectamente
bien a mi padre—. Bueno —repitió—; entonces no cuento
más. Y perdona, por favor, papá.
   —No, no, termina; ya que empezaste termina —dijo, casi
suplicante,° mi padre. Y esforzándose, como quien intenta
salir de su propia trampa, agregó secamente—: Termina
pero sin olor.
   —Imposible, papá.
   —Cómo que imposible.   310
   —Sin pestilencia no puedo terminar, papá.
   —¡Me puedes decir qué estás esperando para terminar,
muchacho del diablo!
   —Que me des permiso para que apeste° —le respondió
mi hermano, tragándose una buena carcajada,[1] al ver que mi

---

1. repressing a good laugh

padre caía una y otra vez en las trampas de la autoridad
paterna.

—Termina, por favor —intervino mi madre, al ver los
apuros en que se había metido la autoridad paterna.

320 —Bueno — empezó mi hermano, con voz pausada, delei-
tándose—, imagínense ustedes el muladar más asqueroso de
Calcuta, pero aquí en Lima, lo cual, la verdad, no es nada difí-
cil. Ubicación exacta: barriada° del Agustino o, mejor dicho,   *slum, shantytown*
muladares de las barriadas del Agustino. Allí donde no entran
ni los perros sarnosos.° Y sin embargo, desde hace algunos   *scabby dogs*
días hay algo que apesta más de lo que apesta el muladar. No,
no son los gallinazos los que anuncian tanta pestilencia porque ahí hay gallinazos *night and day.* El muladar apesta
como nunca. Apesta tanto a sabe Dios qué tipo de mierda
330 reconcentrada, perdón, papá, a sabe Dios qué tipo de mierda
reconcentrada, que los mendigos, los leprosos, los orates,° los   *lunatic*
calatos° de hoy y de ayer y demás tipos de locos y excremen-   *people so poor they*
tos humanos empiezan a salir disparados,° a quejarse, y hasta   *don't have any clothes*
    or money
hay uno que se convierte como la gente que se convierte de   *come racing out*
golpe al catolicismo o algo así, sí, uno que era orate y calato y
leproso y sólo le pedía ya a los chanchos para comer y hacer
el amor. Pues nada menos que ése fue el que se convirtió, lle-
vado por tremebunda° pestilencia. Tal como oyen. Tocó la   *dreadful*
puerta donde unos Testigos de Jehová[1] y contó, como nadie
340 más que él habría podido hacerlo, exactamente lo que había
olido, agregando que quería confesarse con agua caliente y
jabón. Testigos fueron nada menos que los Testigos de
Jehová, quienes a su vez sentaron olorosa denuncia en la
Comisaría° más cercana. Un teniente llamó a los bomberos y   *police headquarters*
éstos acudieron como siempre con sus sirenas, pero a medida
que se iban acercando entre perros sarnosos que huían, leprosos sarnosos que los seguían, despavoridos° orates y demás   *scared*
tipos de calatos, aunque no faltaba algún loco que aún conser-
vaba sus harapos,° cual recuerdo de mejores tiempos y olores,   *rags*
350 a medida que se iban acercando los bomberos con sus másca-
ras° y sus sirenas, éstas iban enmudeciendo debido sin duda a   *masks*
la pestilencia, ya ni sonaban las pobres sirenas entre tamaña
pestilencia y los pobres bomberos daban abnegados alaridos°   *screams*
de asco en el cumplimiento de sus abnegadas labores de acer-
camiento al cráter y por fin uno gritó que era el de siempre,

---

1. Jehovah's Witnesses, a religious organization

sólo que peor que nunca esta vez, y que ahí estaba y hablando como siempre en latín.

—Yo sería partidario de terminar con el problema de las barriadas mediante un bombardeo° —intervino mi padre, en un súbito aunque esperado y temido arrebato de justicia social. 360 Esa gente arruina° la ciudad, y cuando no enloquece, los agitadores comunistas los convierten en delincuentes y hasta en comunistas, en los peores casos. Un buen bombardeo....

—¿Puedo acabar, papá?

—Pero si ya todos sabemos que a ese pobre diablo lo volvieron a meter donde las monjas de la caridad y que éstas lo volvieron a curar con lo que uno da de limosna° o paga de impuestos y que volvió a salir y terminar en la mugre.° ¡Ah...! Lo que es yo, yo con unas cuantas bombas....

—El Papa Guido Sin Número murió anoche y fue enterra- 370 do esta mañana, papá, por si te interesa.

—Entonces ya qué interés puede tener.

—Asistió el cardenal Landázuri, por si te interesa, papá.

—O está chocho° o ya se volvió comunista.

—Asistió el Presidente de la República, por si te interesa, papá.

—Un mentecato.° Nos equivocamos votando por él. No ha sido capaz de bombardear una sola barriada en los dos años que lleva....

De golpe sentí una pena horrible al comprender que mi 380 hermano no lograría terminar su historia, pero él estaba dispuesto a seguir luchando y por eso se tiró un pedo,° dijo perdón papá, se tiró otro, y, ya sin decir perdón, dijo fue el tacu tacu[1] que me tragué anoche con un apanado y siete huevos y que se iba a hacer del cuerpo,[2] lo cual en buen cristiano ya sabes lo que quiere decir, papá, y desapareció antes que mi padre pudiera largarlo de la mesa por grosero. Al cabo de un rato me llamó y ése fue el día en que al mismo tiempo como que crecí y me hice hombre o me saqué el dedo de la boca o algo así. Mi hermano estaba sentado sobre su cama y dudó 390 un momento antes de extenderme la copa de pisco con que nos hicimos amigos, al menos por unas horas, porque yo, claro.... Pero en fin, eso vino después.

—¿Qué te pasa, Carlos?

Glosses (left margin):
bombing
ruins
charity
filth
senile
fool
farted

---

1. refried beans and rice (Peru)
2. to have a bowel movement

—Me pasa que tuve que inventar todo lo del Cardenal y el Presidente pero ni así logré enterrar al Papa Guido como se lo merecía.

—Perdona.... No, no te entiendo bien, Carlos.

—Que al entierro no fueron más que Pichón de Pato, un 400 par de fotógrafos y cuatro curiosos. Yo, entre ellos....

—¿Y entonces por qué...?

—Porque por culpa de papá, de sus interrupciones y del desprecio que noté en sus ojos, le fui agarrando cariño a Guido[1] y, al final, cuando lo de los bombardeos, hasta empecé a sentirme culpable de haber asistido a su entierro sólo por curiosidad.... ¿Entiendes ahora? Entonces quise inventarle un entierro de Papa pero papá dale y dale° con sus bombas de   *on and on* mierda y yo no sé cómo diablos se entierra a los Papas y no supe qué más agregar para joder a papá, ¿entiendes ahora?

410 —Carlos, seamos amigos.... ¿Por qué no me llevas a esa cantina que se llama "Aquí se está mejor que al frente"?

—Salud —me dijo mirándome fijo y sonriente.

—Salud —le dije, horas más tarde, cayéndome de aguardiente y cariño, allá en "Aquí se está mejor que al frente"

Entonces supe que el Papa Guido Sin Número, interrogado por el sacerdote que vino a darle la extremaunción,[2] había confesado ser legionario de los ejércitos de Julio César[3] y que se hallaba perdido y que todo lo había probado con lujo de detalles y en perfecto latín y que le había metido el dedo al 420 mundo° entero y que Carlos no iba a volver más a casa por   *had told the world to go* culpa de papá y que después dicen que es por culpa del comu-   *fuck itself* nismo internacional y que yo con el tiempo lo entendería siempre y cuando no le creyera tanto a los libros y que ya era hora de que volviera a casa y al colegio donde me mandaba papá y donde mamá y donde mis mayordomos° y mis cocineras y mis   *butlers* uniformes y mi brillante porvenir° pero que no me preocupara   *future* por eso ni por él tampoco y que me agradecía porque lo importante es haber encontrado aunque sea un amigo en esa familia de mierda y aunque sea sólo por unas horas. Manolo....

Londres y Les Barils (Normandía), 1985

---

1. I gradually began to like Guido
2. Roman Catholic sacrament given by a priest to a critically ill person, praying for his recovery or salvation
3. Julius Caesar, Roman leader, 100–44 B.C.

EXPRESIONES

a bajo costo: barato

a la legua: desde lejos

a menudo: frecuentemente

arrojar la esponja: abandonar una actividad

barriada: barrio muy pobre, villa miseria

caer en la trampa: dejarse engañar o atrapar

tomar como mil mulitas de pisco: tomar muchos tragos, emborracharse

con el dedo en la boca: inocente, ingenuo como un niño

dale y dale: sin parar, de un modo obstinado

hecho jirones: desgarrado

hecho una gangrena humana: en muy mala condición física o espiritual

meterse en apuros: entrar en situaciones difíciles

mismísimo: el mismo

poquito a poco: lentamente

por toda excusa: como única razón o justificación

según el cristal con que se mire: según la perspectiva adoptada

PREGUNTAS

1. ¿Qué sentido tiene el título del cuento? ¿Por qué lo seleccionó Alfredo Bryce Echenique?

2. Describa la personalidad del Papa Guido Sin Número. ¿Quién es? ¿Cómo razona? ¿Qué espera de la vida?

3. ¿Quién narra el cuento? ¿A quién se dirige?

4. ¿Cuál es el personaje más importante de la narración?

5. ¿Qué tipo de lenguaje prevalece en la narración de Carlos?

6. ¿Cuál es el verdadero nombre del Papa Guido? ¿Qué profesión tiene?

7. ¿Por qué interrumpe tantas veces el padre la narración de su hijo?

8. ¿Qué importancia tiene el Papa Guido Sin Número para Manolo? ¿Qué lo hace inventar un entierro distinto al que en verdad tuvo?

9. ¿Por qué se narra el cuento desde el punto de vista del hermano intelectual "que se chupa el dedo"?

10. ¿Qué tipo de familia es la del narrador?

11. ¿Qué relación hay entre el narrador y su hermano?

12. ¿Qué simboliza el Papa Guido para Manolo y su hermano?

13. ¿Cuál es el mensaje del cuento? ¿Qué intentó decir Alfredo Bryce Echenique al escribirlo?

14. ¿Hay algo genuinamente latinoamericano en "El Papa Guido Sin Número"?

PARA COMENTAR Y ESCRIBIR

1. ¿Se le ocurren otros títulos posibles para el cuento?

2. ¿Qué importancia tiene el Papa en el Vaticano en el mundo actual?

3. Comente el tema de la religión y la institución católica en América Latina. ¿Qué papel juega? ¿Qué importancia tiene?

4. ¿Puede un sacerdote de América Latina llegar a ser Papa en el Vaticano? ¿Por qué sí o por qué no?

5. Discuta el tema de la autoridad paterna o materna en la familia, en la religión y en la sociedad en general. ¿Quién ocupa el papel de la autoridad en "El Papa Guido Sin Número"? ¿Quién le da ese nombre al personaje?

6. ¿Qué actitud tienen los dos muchachos ante la autoridad?

7. ¿Dónde tiene lugar el cuento?

8. ¿A qué clase social pertenece la familia de Manolo? ¿Tiene importancia su proveniencia?

9. "El qué dirán", o sea, las apariencias, tiene un papel fundamental en nuestras vidas. ¿Cómo examina el autor este tema?

Antonio Benítez-Rojo

CUBA

Antonio Benítez-Rojo is a Cuban novelist and critic born in 1931. Several of his books have been translated into English: *La isla que se repite: El Caribe y la perspectiva posmoderna* (1989), whose introduction was listed in Hardwick's and Atwan's *Best American Essays 1986;* his historical novel *El mar de las lentejas,* listed as one of the "Notable Books of 1991" by the *New York Times Book Review;* and *El perro mágico,* a collection of short stories that included "Heaven and Earth," a Pushcart Prize winner in 1985. In Spanish, he has published two novels, a short novel, and five collections of stories. Two of them, *Tute de reyes* and *El escudo de hojas secas,* received several awards, among them the 1967 Casa de las Américas Prize. His stories appear in more than thirty anthologies and have been translated into seven languages. He has edited about a dozen books of Latin American short stories, novellas and literary criticism, and written introductions to books by Mariano Azuela, Juan Rulfo, and others. In Cuba he was a member of the Board of Directors of Casa de las Américas and held several positions in this institution (head of its publishing department, head of the Latin American Research Center, and head of the Center for Caribbean Studies). He has also held visiting positions at Harvard, Yale, Emory, Pittsburgh, and U.C. Irvine. At present he is Thomas B. Walton, Jr. Memorial Professor of Spanish at Amherst College. "Estatuas sepultadas" is part of *Tute de reyes.* Here the author presents, with metaphoric images of great intensity, sketches of the past that open a window into history, perhaps the author's very own. Oppression and submission, order and chaos, love and indifference—these are some of the experiences conveyed by the narrative. Although the metaphor of the butterflies makes clear the female narrator's retrospective stance, her position as an actor/observer is less visible in that it is masked by some of the ideological tensions of her society.

Criticism

Artalejo, Lucrecia. "Creación y subversión: La narrativa histórica de Antonio Benítez-Rojo," *Revista Iberoamericana* 56,152–53 (July–December 1990): 127–30.

Benítez-Rojo, Antonio. "Las crónicas y el autor de hoy: Una experiencia personal," *Discurso Literario* 5, 2 (Spring 1988): 335–41.

González Echeverría, Roberto. "Antonio Benítez-Rojo," *New England Review and Bread Loaf Quarterly* 6, 4 (Summer 1984): 263–69.

Roses, Lorraine Elena. "Entrevista con Antonio Benítez-Rojo," *Discurso Literario* 3, 2 (Spring 1986): 575–78.

Estatuas sepultadas[1]

Aquel verano —cómo olvidarlo— después de las lecciones de don Jorge y a petición de Honorata, íbamos a cazar mariposas por los jardines de nuestra mansión, en lo alto del Vedado.[2] Aurelio y yo la complacíamos porque cojeaba° del pie izquierdo y era la de menor edad (en marzo había cumplido los quince años); pero nos hacíamos de rogar para verla hacer pucheros° y retorcerse las trenzas;° aunque en el fondo nos gustaba sortear° el cuerno de caza,° junto al palomar° desierto, vagar° por entre las estatuas con las redes listas siguiendo los senderos del parque japonés, escalonados y 10 llenos de imprevistos bajo la hierba salvaje° que se extendía hasta la casa.

La hierba constituía nuestro mayor peligro. Hacía años que asaltaba la verja° del suroeste, la que daba al río Almendares, al lado más húmedo y que la excitaba a proliferar; se había prendido° a los terrenos a cargo de tía Esther, y pese a todos sus esfuerzos y los de la pobre Honorata, ya batía° los ventanales de la biblioteca y las persianas° francesas del salón de música. Como aquello afectaba la seguridad de la casa y era asunto de mamá, irreductibles y sonoras discusiones remata- 20

limped

to pout / twist her braids
draw / hunting horn
dovecot / wander

weeds

iron fence

seized
flapped against
shutters

---

1. buried
2. neighborhood in Havana, Cuba

ban° las comidas; y había veces que mamá, que se ponía muy   *finished*
nerviosa cuando no estaba alcoholizada, se llevaba la mano a la
cabeza en ademán° de jaqueca° y rompía a llorar de repente,   *gesture / migraine*
amenazando, entre sollozos,° con desertar de la casa, con   *sobs*
cederle al enemigo su parte del condominio si tía Esther no
arrancaba (siempre en un plazo brevísimo) la hierba que
sepultaba los portales y que muy bien podía ser un arma para
forzar el sitio.°   *break the siege*

    —Si rezaras menos y trabajaras más... —decía mamá,
30 amontonando los platos.

    —Y tú soltaras la botella... —ripostaba° tía Esther.   *answered* (Italian)

    Afortunadamente don Jorge nunca tomaba partido:° se   *sides*
retiraba en silencio con su cara larga y gris, doblando la servi-
lleta, evitando inmiscuirse° en la discordia familiar. Y no es   *get involved*
que para nosotras don Jorge fuera un extraño, a fin de cuen-
tas era el padre de Aurelio (se había casado con la hermana
intercalada° entre mamá y tía Esther, la hermana cuyo nom-   *in between*
bre ya nadie pronunciaba); pero, de una u otra forma, no era
de nuestra sangre y lo tratábamos de usted, sin llamarlo tío.
40 Con Aurelio era distinto: cuando nadie nos veía lo cogíamos
de las manos, como si fuéramos novios; y justamente aquel
verano debía de escoger entre nosotras dos, pues el tiempo
iba pasando y ya no éramos niños. Todas le queríamos a
Aurelio, por su porte,° por sus vivos ojos negros, y sobre   *bearing*
todo por aquel modo especial de sonreír. En la mesa las
mayores porciones eran para él, y si el tufo° de mamá se per-   *strong smell*
cibía por arriba del olor de la cocina, uno podía apostar° que   *bet*
cuando Aurelio alargara el plato ella le serviría despacio, su
mano izquierda aprisionando la de él contra los bordes des-
50 cascarados.° Tía Esther tampoco perdía prenda,[1] y con la   *chipped*
misma aplicación con que rezaba el rosario° buscaba la pier-   *rosary*
na de Aurelio por debajo del mantel, y se quitaba el zapato.
Así eran las comidas. Claro que él se dejaba querer, y si vivía
con don Jorge en los cuartos de la antigua servidumbre, sepa-
rado de nosotras, era porque así lo estipulaba el Código;
tanto mamá como tía Esther le hubieran dado habitaciones
en cualquiera de las plantas y él lo hubiera agradecido, y
nosotras encantadas de tenerlo tan cerca, de sentirlo más
nuestro en las noches de tormenta, con aquellos fulgores° y   *lightning*
60 la casa sitiada.

---

1. lost no opportunity

Al documento que delimitaba las funciones de cada cual
y establecía los deberes y castigos, le llamábamos, simplemente, el Código; y había sido suscrito,° en vida del abuelo
por sus tres hijas y esposos. En él se recogían los mandatos
patriarcales, y aunque había que adaptarlo a las nuevas circunstancias, era la médula de nuestra existencia y nos guiába-
mos por él. Seré somera° en su detalle:

A don Jorge se le reconocía como usufructuario[1] permanente y gratuito del inmueble° y miembro del Consejo de
Familia. Debía ocuparse del avituallamiento,° de la inteligen- 70
cia militar, de administrar los recursos, de impartir la educación y promover la cultura (había sido subsecretario de
Educación en tiempos de Laredo Brú), de las reparaciones
eléctricas y de albañilería,° y de cultivar las tierras situadas
junto al muro del nordeste, que daba a la casona de los
Enríquez, convertida en una politécnica° desde finales del
sesenta y tres.

A tía Esther le tocaba° el cuidado de los jardines (inclu-
yendo el parque), la atención de los animales de cría, la agita-
ción política, las reparaciones hidráulicas y de plomería, la 80
organización de actos religiosos, y el lavado, planchado y zur-
cido° de la ropa.

Se le asignaba a mamá la limpieza de los pisos y muebles,
la elaboración de planes defensivos, las reparaciones de car-
pintería, la pintura de techos y paredes, el ejercicio de la
medicina, así como la preparación de alimentos y otras labores conexas,° que era en lo que invertía más tiempo.

En cuanto a nosotros, los primos, ayudábamos en los
quehaceres° de la mañana y escuchábamos de tarde las lecciones de don Jorge; el resto de la jornada° lo dedicábamos al 90
esparcimiento;° por supuesto, al igual que a los demás, se
nos prohibía franquear° los límites del legado. Otra cosa era
la muerte.

La muerte moral, se entiende; la muerte exterior del otro
lado de la verja. Oprobioso camino que había seguido la
mitad de la familia en los nueve años que ya duraba el asedio.

El caso es que aquel verano cazábamos mariposas. Venían del río volando sobre la hierba florida, deteniéndose en
los pétalos, en los hombros quietos de cualquier estatua.
Decía Honorata que alegraban el ambiente, que lo perfuma- 100

Marginal glosses:
undersigned
brief
real estate
supplies
masonry
polytechnic school
behooved
mending
related activities
chores
day
amusement
to go beyond

---

1. someone who enjoyed the profits

ban —siempre tan imaginativa la pobre Honorata—; pero a
mí me inquietaba que vinieran de afuera y —como mamá—
opinaba que eran un arma secreta que aún no comprendía-
mos, quizá por eso gustaba de cazarlas. Aunque a veces me
sorprendían y huía° apartando la hierba, pensando que me   escaped
tomarían del cabello, de la falda —como en el grabado que
colgaba en el cuarto de Aurelio—, y me llevarían sobre la
verja atravesando el río.

      A las mariposas las cogíamos con redes de viejos mosquite-
110 ros° y las metíamos en frascos de conservas° que nos suminis-   mosquito nets /
traba mamá. Luego, al anochecer, nos congregábamos en la   jam jars
sala de estudio para el concurso de belleza, que podía durar
horas, pues cenábamos tarde. A la más bella la sacábamos del
frasco, le vaciábamos el vientre y la pegábamos en el album
que nos había dado don Jorge; a las sobrantes,° de acuerdo con   remaining ones
una sugerencia mía para prolongar el juego, les desprendíamos
las alas y organizábamos carreras, apostando pellizcos° y cari-   pinches
cias que no estuvieran sancionados. Finalmente las echábamos
al inodoro° y Honorata, trémula y con los ojos húmedos, mani-   toilet
120 pulaba la palanca° que originaba el borboteo,° los rumores pro-   lever / gushing
fundos que se las llevaban en remolino.°   whirlpool

      Después de la comida, después del alegato de tía Esther
contra las razones de mamá, que se iba a la cocina con el irre-
vocable propósito de abandonar la casa en cuanto fregara° la   scrubbed
loza,° nos reuníamos en el salón de música para escuchar el   china
piano de tía Esther, sus himnos religiosos en la penumbra del
único candelabro. Don Jorge nos había enseñado algo en el
violín, y aún se le mantenían las cuerdas; pero por falta de afi-
nación,° no era posible concertarlo con el piano y prefería-   tuning
130 mos no sacarlo del estuche.° Otras veces, cuando tía Esther   case
se indisponía o mamá le reprochaba el atraso en la costura,
leíamos en voz alta las sugerencias de don Jorge, y como sentía una gran admiración por la cultura alemana, las horas se
nos iban musitando° estanzas de Goethe, Hölderlin, Novalis,   muttering
Heine.[1] Poco. Muy poco; sólo en las noches de lluvia en que
se anegaba° la casa y en alguna otra ocasión especialísima,   flooded
repasábamos la colección de mariposas, el misterio de sus
alas llegándonos muy hondo, las alas cargadas de signos de
más allá de las lanzas, del muro enconado de botellas; y nos-
140 otros allí, bajo las velas y en silencio, unidos en una sombra

---

1. famous German writers of the Romantic period

evading

que disimulaba la humedad de la pared, las pestañas esquivas°
y las manos sueltas, sabiendo que sentíamos lo mismo, que
nos habíamos encontrado en lo profundo de un sueño, pasto-
so y verde como el río desde la verja; y luego aquel techo

sagging

abombado° y cayéndose a pedazos, empolvándonos el pelo,
los más íntimos gestos. Y las coleccionábamos.

La satisfacción mayor era imaginarme que al final del vera-

parson / disguised

no Aurelio y estaría conmigo. "Un párroco° disfrazado° os
casará tras la verja", decía don Jorge, circunspecto, cuando tía
Esther y Honorata andaban por otro lado. Yo no dejaba de 150
pensar en ello; diría que hasta me confortaba en la intermina-
ble sesión de la mañana: el deterioro de mamá iba en aumen-
to (aparte de cocinar, y siempre se le hacía tarde, apenas

cutlery / washed
dusted
battered

podía con la loza y los cubiertos°) y era yo la que baldeaba° el
piso, la que sacudía° los astrosos forros de los muebles,[1] los
maltrechos° asientos. Quizá sea una generalización peligrosa,
pero de algún modo Aurelio nos sostenía a todas, su cariño
nos ayudaba a resistir. Claro que en mamá y tía Esther coinci-
dían otros matices;° pero cómo explicar sus devaneos° gastro-

nuances / ravings

nómicos, los excepcionales cuidados en los catarros fugaces y 160
rarísimos dolores de cabeza, los esfuerzos prodigiosos por

dressed up
brooding

verlo fuerte, acicalado,° contento... Hasta don Jorge, siempre
tan discreto, a veces se ponía como una gallina clueca.° Y de
Honorata ni hablar; tan optimista la pobre, tan fuera de la realidad, como si no fuera coja. Y es que Aurelio era nuestra

morsel

esperanza, nuestro dulce bocado° de ilusión; y era él quien
nos hacía permanecer serenas dentro de aquellos hierros

rusty / harassed

herrumbrosos,° tan hostigados° desde afuera.

—¡Qué mariposa más bella! —dijo Honorata en aquel crepúsculo, hace apenas un verano. Aurelio y yo marchábamos 170
delante, de regreso a la casa, él abriéndome el paso con el

pole / freckled

asta° de la red. Nos volvimos: la cara pecosa° de Honorata
saltaba sobre la hierba como si la halaran por las trenzas; más

flame tree

arriba, junto a la copa del flamboyán° que abría el sendero de
estatuas, revoloteaba una mariposa dorada.

Aurelio se detuvo. Con un gesto amplio nos tendió en la
hierba. Avanzó lentamente, la red en alto, el brazo izquierdo extendido a la altura del hombro, deslizándose sobre la
maleza. La mariposa descendía abriendo sus enormes alas,
desafiante, hasta ponerse casi al alcance de Aurelio; pero 180

---

1. grubby furniture covers

más allá del flamboyán, internándose en la galería de estatuas. Desaparecieron.

Cuando Aurelio regresó era de noche; ya habíamos elegi-
do a la reina y la estábamos preparando para darle la sorpresa. Pero vino serio y suduroso diciendo que se le había
escapado, que había estado a punto de cogerla encaramándo-
se° en la verja; y pese a nuestra insistencia no quiso quedarse   *climbing on*
a los juegos.

Yo me quedé preocupada. Me parecía estarlo viendo allá
190 arriba, casi del otro lado, la red colgando sobre el camino del
río y él a un paso de saltar. Me acuerdo que le aseguré a
Honorata que la mariposa era un señuelo,° que había que   *lure, enticement*
subir la guardia.

El otro día fue memorable. Desde el amanecer los de afuera estaban muy exaltados: expulsaban cañonazos y sus aviones
grises dejaban rastros° en el cielo; más abajo, los helicópteros   *traces*
en triangulares formaciones encrespaban° el río, el río color   *made rough*
puré de chícharos,° y la hierba. No había duda de que celebra-   *peas*
ban algo, quizás una nueva victoria; y nosotros incomunicados.
200 No es que careciéramos de radios, pero ya hacía años que no
pagábamos el fluido eléctrico y las pilas° del Zenith¹ de tía   *batteries*
Esther se habían vuelto pegajosas° y olían al remedio chino que   *sticky*
atesoraba° mamá en lo último del botiquín.° Tampoco nos ser-   *treasured / medicine chest*
vía el teléfono ni recibíamos periódicos, ni abríamos las cartas
que supuestos amigos y traidores familiares nos enviaban desde
afuera. Estábamos incomunicados. Es cierto que don Jorge tra-
ficaba por la verja, de otra manera no hubiéramos subsistido,
pero lo hacía de noche y no estaba permitido presenciar la
compraventa, incluso hacer preguntas sobre el tema. Aunque
210 una vez que tenía fiebre alta y Honorata lo cuidaba, dio a entender que la causa no estaba totalmente perdida, que organiza-
ciones de fama se preocupaban por los que aún resistían.

Al atardecer, después que concluyeron los aplausos
patrióticos de los de la politécnica, los cantos marciales por
arriba del muro de vidrios anaranjados y que enloquecían a
mamá a pesar de los tapones° y compresas, descolgamos el   *plugs*
cuerno de la panoplia —don Jorge había declarado asue-
to°— y nos fuimos en busca de mariposas. Caminábamos   *holiday*
despacio, Aurelio con el ceño fruncido.° Desde la mañana   *frowning*
220 había estado recogiendo coles junto al muro y escuchado de

---

1. brand of radio set

cerca el clamor de los cantos sin la debida protección, los
febriles° e ininteligibles discursos del mediodía. Parecía
afectado Aurelio: rechazó los resultados del sorteo° arreba-
tándole a Honorata el derecho de distribuir los cotos y llevar
el cuerno de caza. Nos separamos en silencio, sin las bro-
mas de otras veces, pues siempre se habían respetado las
reglas establecidas.

Yo hacía rato que vagaba a lo largo del sendero de la verja
haciendo tiempo hasta el crepúsculo, el frasco lleno de alas
amarillas, cuando sentí que una cosa se me enredaba° en el   240
pelo. De momento pensé que era el tul° de la red, pero al
alzar la mano izquierda mis dedos rozaron algo de más cuerpo,
como un pedazo de seda, que se alejó tras chocar con mi
muñeca. Yo me volví de repente y la vi detenida en el aire, la
mariposa dorada frente a mis ojos, sus alas abriéndose y
cerrándose casi a la altura de mi cuello y yo sola y de espaldas
a la verja. Al principio pude contener el pánico: empuñé° el
asta y descargué un golpe; pero ella lo esquivó ladeándose° a
la derecha. Traté de tranquilizarme, de no pensar en el grabado de Aurelio, y despacio caminé hacia atrás. Poco a poco   250
alcé los brazos sin quitarle la vista, tomé puntería;° pero la
manga de tul se enganchó en un hierro y volví a fallar° el
golpe. Esta vez la vara° se me había caído en el follaje del sendero. El corazón me sofocaba. La mariposa dibujó un círculo
y me atacó a la garganta. Apenas tuve tiempo de gritar y de
arrojarme a la hierba. Un escozor° me llevó la mano al pecho
y la retiré con sangre. Había caído sobre el aro de hojalata°
que sujetaba la red y me había herido el seno.° Esperé unos
minutos y me volví boca arriba, jadeante.° Había desaparecido. La hierba se alzaba alrededor de mi cuerpo, me protegía,   260
como a la Venus derribada de su pedestal que Honorata había
descubierto en lo profundo del parque; y yo tendida, inmóvil
como ella, mirando el crepúsculo concienzudamente,° y de
pronto los ojos de Aurelio contra el cielo y yo mirándolos quieta, viéndolos recorrer mi cuerpo casi sepultado y detenerse en
mi seno, y luego bajar por entre los tallos venciéndome en la
lucha, entornarse en el beso largo y doloroso que estremeció
la hierba. Después el despertar inexplicable: Aurelio sobre mi
cuerpo, aún tapándome la boca a pesar de las mordidas,° las
estrellas por encima de su frente, señalada por mis uñas.   270

Regresamos. Yo sin hablar, desilusionada.

Honorata lo había visto todo desde las ramas del flamboyán.

Glosses (left margin):
- feverish
- drawing
- entangled
- tulle
- grasped
- tilting
- aimed
- to miss
- stick
- smarting
- tin ring
- breast
- panting
- thoroughly
- bites

Antes de entrar al comedor acordamos guardar el secreto.

No sé si sería por las miradas de mamá y tía Esther detrás del humo de la sopa o por los suspiros nocturnos de Honorata, revolviéndose en las sábanas;° pero amaneció y yo me di cuenta de que ya no quería tanto a Aurelio, que no lo necesitaba, ni a él ni a la cosa asquerosa,° y juré no hacerlo más hasta la noche de bodas.

sheets

disgusting

280 La mañana se me hizo más larga que nunca y acabé extenuada.°

exhausted

En la mesa le pasé a Honorata mi porción de coles (nosotras siempre tan hambrientas) y a Aurelio lo miré fríamente cuando comentaba con mamá que un gato de la politécnica le había mordido la mano, le había arañado la cara y desaparecido tras el muro. Luego vino la clase de Lógica. Apenas atendí a don Jorge a pesar de las palabras: "ferio" y "festino", "baroco", y otras más.

—Estoy muy cansada... Me duele la espalda —le dije a
290 Honorata después de la lección, cuando propuso cazar mariposas.

—Anda... No seas mala —insistía ella.

—No.

—¿No será que tienes miedo? —dijo Aurelio.

—No. No tengo miedo.

—¿Seguro?

—Seguro. Pero no voy a hacerlo más.

—¿Cazar mariposas?

—Cazar mariposas y lo otro. No voy a hacerlo más.

300 —Pues si no van los dos juntos le cuento todo a mamá —chilló Honorata sorpresivamente, con las mejillas° encendidas.

cheeks

—Yo no tengo reparos° —dijo Aurelio sonriendo, agarrándome del brazo. Y volviéndose a Honorata, sin esperar mi respuesta, le dijo: "Trae las redes y los pomos.° Te esperamos en el palomar."

I don't mind

bottles

Yo me sentía confusa, ofendida; pero cuando vi alejarse a Honorata, cojeando que daba lástima, tuve una revelación y lo comprendí todo de golpe.° Dejé que Aurelio me rodeara la cintura y salimos de la casa.

suddenly

310 Caminábamos en silencio, sumergidos en la hierba tibia, y yo pensaba que a Aurelio también le tenía lástima, que yo era la más fuerte de los tres y quizás de toda la casa. Curioso, yo tan joven, sin cumplir los diecisiete, y más fuerte que mamá con su alcoholismo progresivo, que tía Esther, colgada

de su rosario. Y de pronto Aurelio. Aurelio el más débil de todos; aún más débil que don Jorge, que Honorata; y ahora sonreía de medio lado, groseramente, apretándome la cintura como si me hubiera vencido, sin darse cuenta, el pobre, que sólo yo podía salvarlo, a él y a toda la casa.

—¿Nos quedamos aquí? —dijo deteniéndose— Creo que 320 es el mismo lugar de ayer—. Y me guiñaba° los ojos.

winked

Yo asentí y me acosté en la hierba. Noté que me subía la falda, que me besaba los muslos; y yo como la diosa, fría y quieta, dejándolo hacer para tranquilizar a Honorata, para que no fuera con el chisme° que levantaría la envidia, ellas tan insatisfechas y la guerra que llevábamos.

gossip

—Córranse un poco más a la derecha, no veo bien —gritó Honorata, cabalgando° una rama.

riding

Aurelio no le hizo caso y me desabotonó la blusa.

Oscureció y regresamos, Honorata llevando las redes y 330 yo los pomos vacíos.

—¿Me quieres? —dijo él mientras me quitaba del pelo una hoja seca.

—Sí, pero no quiero casarme. Quizás para el otro verano.

—Y... ¿lo seguirás haciendo?

—Bueno —dije un poco asombrada—. Con tal que nadie se entere...

—En ese caso me da igual. Aunque la hierba se cuela° por todos lados, le da a uno picazón.

steals in

Esa noche Aurelio anunció en la mesa que no se casaría 340 aquel año, que posponía su decisión para el próximo verano. Mamá y tía Esther suspiraron aliviadas; don Jorge, apenas alzó la cabeza.

Pasaron dos semanas, él con la ilusión de que me poseía. Yo me acomodaba en la hierba con los brazos por detrás de la nuca, como la estatua, y me dejaba palpar° sin que me doliera la afrenta. Con los días perfeccioné un estilo rígido que avivaba sus deseos, que lo hacía depender de mí. Una tarde paseábamos por el lado del río, mientras Honorata cazaba por entre las estatuas. Habían empezado las lluvias, y las flores, mojadas en 350 el mediodía, se nos pegaban a la ropa. Hablábamos de cosas triviales: Aurelio me contaba que tía Esther lo había visitado de noche, en camisón,° y en eso vimos la mariposa. Volaba al frente de un enjambre° de colores corrientes; al reconocernos hizo unos caracoleos° y se posó en una lanza. Movía las alas sin despegarse del hierro, haciéndose la cansada, y Aurelio,

touch

nightgown
swarm
winding movements

poniéndose tenso, me soltó el talle° para treparse a la reja. *waist*
Pero esta vez la victoria fue mía: me tendí sin decir palabra, la
falda a la altura de las caderas,° y la situación fue controlada. *hips*

360   Esperábamos al hombre porque lo había dicho don Jorge
después de la lección de Historia, que vendría a la noche, a
eso de las nueve. Nos había abastecido durante años y se
hacía llamar el Mohicano. Como era un experimentado y vale-
roso combatiente —cosa inexplicable, pues le habían tomado
la casa— lo aceptamos como huésped° tras dos horas de deba- *guest*
tes. Ayudaría a tía Esther a exterminar la yerba, después culti-
varía los terrenos del suroeste, los que daban al río.

       —Creo que ahí viene —dijo Honorata, pegando la cara a los
hierros del portón. No había luna y usábamos el candelabro.

370   Nos acercamos a las cadenas que defendían el acceso, tía
Esther rezando un apresurado rosario. El follaje se apartó y
Aurelio iluminó una mano. Luego apareció una cara arruga-
da,° inexpresiva. *wrinkled*

       —¿Santo y seña°? —demandó don Jorge. *password*
       —Gillette y Adams —repuso el hombre con voz ahogada.
       Es lo convenido. Puede entrar.
       —Pero... ¿cómo?
       —Súbase por los hierros, el cerrojo está oxidado.

       De repente un murmullo nos sorprendió a todos. No
380 había duda de que al otro lado del portón el hombre hablaba
con alguien. Nos miramos alarmados y fue mamá la que rom-
pió el fuego:° *opened fire*

       —¿Con quién está hablando? —preguntó, saliendo de
su sopor.
       —Es que... no vengo solo.
       —¿Acaso lo han seguido? —dijo tía Esther, angustiada.
       —No, no es eso... Es que vine con... alguien.
       —¡Pero en nombre de Dios...! ¿Quién?
       —Una joven..., casi una niña.

390   —Soy su hija —interrumpió una voz excepcionalmente
clara.

       Deliberamos largamente: mamá y yo nos opusimos; pero
hubo tres votos a favor y una abstención de don Jorge.

       Finalmente bajaron a nuestro lado.

       Ella dijo que se llamaba Cecilia, y caminaba muy oronda° *pompous*
por los senderos oscuros. Era de la edad de Honorata, pero
mucho más bonita y sin fallos° anatómicos. Tenía los ojos azu- *faults*
les y el pelo de un rubio dorado, muy extraño; lo llevaba lacio

y partido al medio; las puntas, vueltas hacia arriba, reflejaban
la luz del candelabro. Cuando llegamos a la casa dijo que tenía   400
mucho sueño, que se acostaba temprano, y agarrando una vela
entró muy decidida en el cuarto del abuelo, al final del corredor, encerrándose por dentro como si lo conociera. El hombre —porque hoy sé que no era su padre— después de dar las
buenas noches con mucha fatiga y apretándose el pecho, se
fue con don Jorge y Aurelio al pabellón de los criados, su tos
oyéndose a cada paso. Nunca supimos cómo se llamaba realmente: ella se negó a revelar su nombre cuando al otro día
don Jorge, que siempre madrugaba, lo encontró junto a la
cama, muerto y sin identificación.   410

tree

Al Mohicano lo enterramos por la tarde y cerca del pozo
que daba a la politécnica, bajo una mata° de mango. Don
Jorge despidió el duelo llamándolo "nuestro Soldado Desconocido", y ella sacó desde atrás de la espalda un ramo de flores
que le puso entre las manos. Después Aurelio comenzó a pa-

to shovel

lear° la tierra y yo lo ayudé a colocar la cruz que había fabricado don Jorge. Y todos regresamos con excepción de tía
Esther, que se quedó rezando.

Por el camino noté que ella andaba de un modo raro: me
recordaba a las bailarinas de ballet que había visto de niña en   420
las funciones de Pro Arte.[1] Parecía muy interesada en las flores y se detenía para cogerlas y llevárselas a la cara. Aurelio

staggered

iba sosteniendo a mamá, que se tambaleaba° de un modo
lamentable, pero no le quitaba los ojos de encima y sonreía
estúpidamente cada vez que ella lo miraba. En la comida no
probó bocado, alejó el plato como si le disgustara y luego se
lo pasó a Honorata, que en retribución le celebró el peinado.
Por fin me decidí a hablarle:

dye

—Qué tinte° tan lindo tienes en el pelo. ¿Cómo lo con-
seguiste?   430

—¿Tinte? No es tinte, es natural.

—Pero es imposible... Nadie tiene el pelo de ese color.

—Yo lo tengo así —dijo sonriendo—. Me alegro que
te guste.

—¿Me dejas verlo de cerca? —pregunté. En realidad no
la creía.

—Sí, pero no me lo toques.

candle

Yo alcé una vela° y fui hasta su silla; me apoyé en el res-

---

1. ballet theater in Cuba

paldar° y miré su cabeza detenidamente: el color era parejo, *back of the seat*
440 no parecía ser teñido; aunque había algo artificial en aquellos
hilos dorados. Parecían de seda fría. De pronto se me ocurrió que podía ser una peluca y le di un tirón con ambas
manos. No sé si fue su alarido lo que me tumbó° al suelo o *knocked me down*
el susto de verla saltar de aquel modo; el hecho es que me
quedé perpleja, a los pies de mamá, viéndola correr por todo
el corredor, tropezando con los muebles, coger por el corredor y trancarse° en el cuarto del abuelo agarrándose la cabe- *lock herself*
za como si fuera a caérsele; y Aurelio y tía Esther haciéndose
los consternados, pegándose a la puerta para escuchar sus
450 berridos,° y mamá blandiendo° una cuchara sin saber lo que *bellowing / brandishing*
pasaba, y para colmo Honorata, aplaudiendo y parada en un
silla. Por suerte don Jorge callaba.

Después de los balbuceos° de mamá y el prolijo respon- *babble*
so de tía Esther me retiré dignamente y, rehusando la vela
que Aurelio me alargaba, subí la escalera a tientas° y con la *groping in the dark*
frente alta.

Honorata entró en el cuarto y me hice la dormida para evitar discusiones. Por entre las pestañas vi como ponía sobre la
cómoda el platico° con la vela. Yo me volví de medio lado, *small dish*
460 para hacerle hueco;° su sombra, resbalando por la pared, *make room*
me recordaba los Juegos y Pasatiempos del *Tesoro de la
Juventud,*[1] que había negociado don Jorge hacía unos cuatro
años. Cojeaba desmesuradamente la sombra de Honorata; iba
de un lado a otro zafándose° las trenzas, buscando en la gave- *letting loose*
ta° de la ropa blanca. Ahora se acercaba a la cama, aumen- *drawer*
tando de talla, inclinándose sobre mí, tocándome una mano.

—Lucila. Lucila, despiértate.

Yo simulé un bostezo° y me puse boca arriba. "¿Qué *yawn*
quieres?", dije malhumorada.
470 —¿Has visto cómo tienes las manos?

—No.

—¿No te las vas a mirar?

—No tengo nada en las manos —dije sin hacerle caso.

—Las tienes manchadas.

—Seguro que las tengo negras... Como le halé el pelo a
ésa y le di un empujón a mamá.

—No las tienes negras, pero las tienes doradas —dijo
Honorata furiosa.

---

1. encyclopedia for children, similar to *The Book of Knowledge*

Me miré las manos y era cierto: un polvo de oro me cubría las palmas, el lado interior de los dedos. Me enjuagué 480 en la palangana y apagué la vela. Cuando Honorata se cansó de sus vagas conjeturas pude cerrar los ojos. Me levanté tarde, atontada.

A Cecilia no la vi en el desayuno porque se había ido con tía Esther a ver qué hacían con la hierba. Mamá ya andaba *drunk* borracha° y Honorata se quedó conmigo para ayudarme en la limpieza; después haríamos el almuerzo. Ya habíamos acabado abajo y estábamos limpiando el cuarto de tía Esther, yo sacudiendo y Honorata con la escoba, cuando me dio la idea *duster* de mirar por la ventana. Dejé de pasar el plumero° y con- 490 templé nuestro reino: a la izquierda y al frente, la verja, separándonos del río, las lanzas hundidas en la maleza; más cerca, a partir del flamboyán naranja, las cabezas de las estatuas, verdosas, como de ahogados, y las tablas grises del palomar japonés; a la derecha los cultivos, el pozo, y Aurelio agachado en la tierra, recogiendo mangos junto a la cruz diminuta; más allá el muro, las tejas de la politécnica y una bandera ondeando. "Quién se lo iba a decir a los Enríquez", pensaba. Y entonces la vi a ella. Volaba muy bajo, en dirección al pozo. A veces se perdía entre las flores y aparecía más·ade- 500 lante, reluciendo como un delfín dorado. Ahora cambiaba de rumbo: iba hacia Aurelio, en línea recta; y de pronto era *rosebay bed* Cecilia, Cecilia que salía por entre el macizo de adelfas,° *flying around* corriendo sobre la tierra roja, el pelo revoloteando° al aire, flotando casi sobre su cabeza. Cecilia la que ahora hablaba con Aurelio, la que lo besaba antes de llevarlo de la mano por el sendero que atravesaba el parque.

Mandé a Honorata a que hiciera el almuerzo y me tiré en la cama de tía Esther: todo me daba vueltas y tenía palpitaciones. Al rato alguien trató de abrir la puerta, insistente- 510 mente, pero yo estaba llorando y grité que me sentía mal, que me dejaran tranquila.

Cuando desperté era de noche y enseguida supe que algo había ocurrido. Sin zapatos me tiré de la cama y bajé la escalera; me adentré en el corredor, sobresaltada, murmurando a cada paso que aún había una posibilidad, que no era demasiado tarde.

Estaban en la sala, alrededor de Honorata, don Jorge lloraba bajito en la punta del sofá; tía Esther, arrodillada junto *turned* al candelabro, se viraba° hacia mamá, que manoteaba en su 520

butaca° sin poderse enderezar; y yo desapercibida, recosta-   armchair
da al marco de la puerta, al borde de la claridad, escuchando a Honorata, mirándola escenificar en medio de la
alfombra, sintiéndome cada vez más débil; y ella ofreciendo
detalles, precisas referencias de lo que había visto a la hora
del crepúsculo por el camino del río, del otro lado de la
verja. Y de repente el estallido:° las plegarias° de tía Esther,   outburst / supplications
el delirio de mamá...

  Yo me tapé los oídos y bajé la cabeza, con ganas de vomitar.
530 Entonces por entre la piel de los dedos escuché un alarido.°   scream
Después alguien cayó sobre el candelabro y se hizo la oscuridad.

EXPRESIONES

dar a entender: señalar, indicar

dar un portazo: cerrar la puerta con violencia

dar un tirón: sacar con violencia

de golpe. de pronto, de repente

hacer pucheros: hacer gestos o movimientos que preceden al llanto

hacérsele tarde a uno: no tener suficiente
tiempo para lo que se debe hacer

lleno de imprevistos: que contiene muchas
sorpresas

no perder prenda: no perder la oportunidad

no tener reparos: no importarle a uno

ponerse como una gallina clueca: estar
demasiado débil (para empollar huevos)

romper el fuego: comenzar el combate

seré somera: seré breve

¿santo y seña?: identifíquese con su código

tener reparos: tener dudas o
inconvenientes

PREGUNTAS

1. ¿Por qué se llama el cuento "Estatuas sepultadas"?
2. ¿Dónde tiene lugar la acción? ¿en qué país? ¿en qué ciudad? ¿en qué lugar?
3. ¿Quiénes y cuántos son los personajes centrales? Descríbalos.
4. ¿Qué edad tienen?
5. ¿Qué une a los personajes? ¿Por qué están juntos y en qué circunstancias?
6. ¿Quién narra el cuento?
7. ¿Cuál es el motivo principal de los actos de cada personaje?
8. ¿Qué relación hay entre las mariposas y las jóvenes?
9. ¿Quién es la Tía Esther? ¿Quién es Honorata?
10. ¿Qué papel juega Aurelio en la experiencia sexual de las adolescentes?

11. ¿Cómo se distinguen las acciones que se llevan a cabo en casa de las que ocurren fuera de la casa? ¿Qué ocurre fuera de la finca que altera tanto la vida doméstica?

12. ¿Cuándo y por qué llegan el Mohicano y su hija Cecilia a la finca? ¿Son tratados como intrusos por los demás? ¿Qué le pasa al Mohicano?

13. ¿Qué relación se establece entre la narradora y Cecilia?

14. ¿En qué consiste la escena final?

15. Explique el último párrafo: "Yo me tapé los oídos y bajé la cabeza, con ganas de vomitar. Entonces por entre la piel de los dedos escuché un alarido. Después alguien cayó sobre el candelabro y se hizo la oscuridad."

16. ¿Cómo reacciona usted ante el final abierto del cuento?

PARA COMENTAR Y ESCRIBIR

1. ¿Qué otros títulos podría darle al cuento?

2. Describa el ambiente donde tiene lugar la acción.

3. ¿Es este relato sólo una aventura de adolescentes o algo más? Explique.

4. La mayoría de los personajes en el cuento son femeninos. ¿Qué características nos revelan?

5. "Estatuas sepultadas" se escribió en la Cuba de Fidel Castro. ¿Es éste el testimonio de una revolución socialista?

6. ¿Podría tener la narración un contexto diferente?

7. ¿En qué radican las sutilezas del cuento? ¿Qué nos revela el autor y qué nos oculta? ¿Cuál es la ideología que refleja la narración?

8. Haga un análisis de los elementos narrativos de este cuento indicando en qué radica su efectividad y cuáles son los aspectos más originales de su estilo.

9. Estudie la actitud de la narradora ante los acontecimientos y los personajes descritos en la historia. ¿Qué comentarios son los más reveladores?

Jorge Luis Borges

ARGENTINA

Jorge Luis Borges was born in 1899 in Buenos Aires, Argentina, and died in 1986 in Geneva, Switzerland. He was one of the first Latin American writers to achieve international recognition. Considered today, alongside Vladimir Nabokov and Franz Kafka, as one of the foremost twentieth-century writers, his reputation rests equally on his poetry, fiction, and critical-philosophical works. Among his many titles are *Ficciones* (1944), which includes the story "Las ruinas circulares," *El Aleph* (1949), *Antología personal* (1961), *El informe de Brodie* (1970), *Selected Poems: 1923–1967* (1972), *El libro de arena* (1975), and *Siete noches* (1980). Borges was the recipient of many literary awards and prizes including France's Legion of Honor. His eyesight, affected by a congenital disease, deteriorated radically when he was in his fifties; by 1970 he was totally blind and had to rely entirely on dictation for his writing. Borges never won the Nobel Prize for Literature, a distinction that places him alongside renowned authors like James Joyce, Marcel Proust, and Graham Greene. He is the author of celebrated works like "Pierre Menard, autor del Quijote," "Emma Zunz," "El milagro secreto," and "Kafka y sus precursores." In "Las ruinas circulares," the mysterious, hallucinatory setting serves as a backdrop for the protagonist's determined efforts to dream a man into existence. The story dramatizes the idealist tenet that reality is fictive or a dream. It can also be interpreted as an allegory of artistic creation. It is probably one of Borges' best fictional renderings of his philosophical idealism, which conveys that reality is a dream.

Criticism

Aizenberg, Edna. *Borges and his Successors*. Columbia: University of Missouri Press, 1990.

Alazraki, Jaime. *Borges and the Kabbalah, and Other Essays on His Fiction and Poetry*. Cambridge University Press, 1988.

Bloom, Harold, ed. *Jorge Luis Borges*. New York: Chelsea House, 1986.

_____. *Critical Essays on Jorge Luis Borges*. Boston: G. K. Hall & Co., 1987.

Lindstrom, Naomi. *Jorge Luis Borges. A Study of His Short Fiction*. Boston: Twayne, 1990.

Rodríguez Monegal, Emir. *Jorge Luis Borges. A Literary Biography*. New York: E. P. Dutton, 1978.

Solotorevsky, Myrna. "The Model of Midrash and Borges' Interpretative Tales and Essays," *Midrash and Literature,* Geoffrey H. Hartman and Sanford Budick, eds. New Haven & London: Yale University Press, 1986, 253–64.

Las ruinas circulares

And if he left off dreaming about you...

THROUGH THE LOOKING-GLASS, IV

Nadie lo vió desembarcar en la unánime noche, nadie vió la canoa de bambú sumiéndose° en el fango° sagrado, pero a los pocos días nadie ignoraba que el hombre taciturno° venía del Sur y que su patria era una de las infinitas aldeas° que están aguas arriba, en el flanco violento de la montaña, donde el idioma zend no está contaminado de griego y donde es infrecuente la lepra. Lo cierto es que el hombre gris besó el fango, repechó la ribera° sin apartar° (probablemente, sin sentir) las cortaderas que le dilaceraban las carnes[1] y se arrastró mareado y ensangrentado, hasta el recinto° circular que 10 corona un tigre o caballo de piedra, que tuvo alguna vez el color del fuego y ahora el de la ceniza.° Ese redondel es un templo que devoraron los incendios antiguos,° que la selva° palúdica ha profanado y cuyo dios no recibe honor de los

Marginal glosses:
sinking / mud
reserved
villages

went up the bank / pushing aside

enclosure

ash
ancient fires / forest

---

1. the brambles that lacerated his flesh

hombres. El forastero° se tendió bajo el pedestal. Lo desper-   *stranger*
tó el sol alto. Comprobó sin asombro que las heridas habían
cicatrizado:[1] cerró los ojos pálidos y durmió, no por flaqueza
de la carne[2] sino por determinación de la voluntad. Sabía que
ese templo era el lugar que requería su invencible propósito;
20 sabía que los árboles incesantes no habían logrado estrangu-
lar, río abajo, las ruinas de otro templo propicio, también de
dioses incendiados y muertos; sabía que su inmediata obliga-
ción era el sueño. Hacia la medianoche lo despertó el grito
inconsolable de un pájaro. Rastros° de pies descalzos,° unos   *traces / bare feet*
higos y un cántaro le advirtieron que los hombres de la
región habían espiado con respeto su sueño y solicitaban su
amparo° o temían su magia. Sintió el frío del miedo y buscó   *shelter*
en la muralla dilapidada un nicho sepulcral y se tapó con
hojas desconocidas.
30   El propósito que lo guiaba no era imposible, aunque sí
sobrenatural. Quería soñar un hombre: quería soñarlo con
integridad minuciosa e imponerlo a la realidad. Ese proyecto
mágico agotaba° el espacio entero de su alma; si alguien le   *exhausted*
hubiera preguntado su propio nombre o cualquier rasgo de
su vida anterior, no habría acertado a responder. Le conve-
nía el templo inhabitado y despedazado, porque era un mínimo de mundo visible; la cercanía de los labradores° también,   *peasants*
porque éstos se encargaban de subvenir a sus necesidades
frugales. El arroz y las frutas de su tributo eran pábulo° sufi-   *sustenance*
40 ciente para su cuerpo, consagrado a la única tarea° de dormir   *task*
y soñar.
      Al principio, los sueños eran caóticos; poco después,
fueron de naturaleza dialéctica. El forastero se soñaba en el
centro de un anfiteatro circular que era de algún modo el
templo incendiado: nubes de alumnos taciturnos fatigaban
las gradas:[3] las caras de los últimos pendían° a muchos siglos   *hung*
de distancia y a una altura estelar, pero eran del todo precisas. El hombre les dictaba lecciones de anatomía, de cosmo-
grafía, de magia: los rostros escuchaban con ansiedad y
50 procuraban responder con entendimiento, como si adivina-
ran la importancia de aquel examen, que redimiría a uno de
ellos de su condición de vana apariencia° y lo interpolaría en   *mere appearance*

---

1. wounds had scarred
2. bodily weakness
3. filled the amphitheater's benches

ghosts

bitterness

ventured
worthy

dismissed
sallow / unruly
sharp features
sudden

hemlock

effort

to coin / failure

el mundo real. El hombre, en el sueño y en la vigilia, consideraba las respuestas de sus fantasmas,° no se dejaba embaucar[1] por los impostores, adivinaba en ciertas perplejidades una inteligencia creciente. Buscaba un alma que mereciera participar en el universo.

A las nueve o diez noches comprendió con alguna amargura° que nada podía esperar de aquellos alumnos que aceptaban con pasividad su doctrina y sí de aquellos que arriesgaban,° a veces, una contradicción razonable. Los primeros, aunque dignos° de amor y de buen afecto, no podían ascender a individuos; los últimos preexistían un poco más. Una tarde (ahora también las tardes eran tributarias del sueño, ahora no velaba sino un par de horas en el amanecer) licenció° para siempre el vasto colegio ilusorio y se quedó con un solo alumno. Era un muchacho taciturno, cetrino,° díscolo° a veces, de rasgos afilados° que repetían los de su soñador. No lo desconcertó por mucho tiempo la brusca° eliminación de los condiscípulos; su progreso, al cabo de unas pocas lecciones particulares, pudo maravillar al maestro. Sin embargo, la catástrofe sobrevino. El hombre, un día emergió del sueño como de un desierto viscoso, miró la vana luz de la tarde que al pronto confundió con la aurora y comprendió que no había soñado. Toda esa noche y todo el día, la intolerable lucidez del insomnio se abatió contra él.[2] Quiso explorar la selva, extenuarse; apenas alcanzó entre la cicuta° unas rachas de sueño débil, veteadas fugazmente[3] de visiones de tipo rudimental: inservibles. Quiso congregar el colegio y apenas hubo articulado unas breves palabras de exhortación, éste se deformó, se borró. En la casi perpetua vigilia, lágrimas de ira le quemaban los viejos ojos.

Comprendió que el empeño° de modelar la materia incoherente y vertiginosa de que se componen los sueños es el más arduo que puede acometer un varón, aunque penetre todos los enigmas del orden superior y del orden inferior: mucho más arduo que tejer una cuerda de arena o que amonedar° el viento sin cara. Comprendió que un fracaso° inicial era inevitable. Juró olvidar la enorme alucinación que lo había desviado al principio y buscó otro método de trabajo. Antes

1. he did not allow himself to be deceived
2. weighed upon him
3. a few snatches of feeble sleep, fleetingly mottled (*fig.,* fitful)

de ejercitarlo, dedicó un mes a la reposición° de las fuerzas   *replenishing*
que había malgastado el delirio. Abandonó toda premedita-
ción de soñar y casi acto continuo logró dormir un trecho°   *stretch*
razonable del día. Las raras veces que soñó durante ese período, no reparó° en los sueños. Para reanudar la tarea, esperó   *took notice*
que el disco de la luna fuera perfecto. Luego, en la tarde, se
purificó en las aguas del río, adoró los dioses planetarios, pro-
nunció las sílabas lícitas de un nombre poderoso y durmió.
Casi inmediatamente, soñó con un corazón que latía.°   *was beating*
100 Lo soñó activo, caluroso, secreto, del grandor de un puño°   *fist*
cerrado, color granate en la penumbra de un cuerpo humano
aún sin cara ni sexo; con minucioso amor lo soñó, durante
catorce lúcidas noches. Cada noche, lo percibía con mayor evidencia. No lo tocaba: se limitaba a atestiguarlo, a observarlo,
tal vez a corregirlo con la mirada. Lo percibía, lo vivía, desde
muchas distancias y muchos ángulos. La noche catorcena ro-
zó° la arteria pulmonar con el índice y luego todo el corazón,   *grazed*
desde afuera y adentro. El examen lo satisfizo. Deliberadamente no soñó durante una noche: luego retomó° el corazón,   *took back*
110 invocó el nombre de un planeta y emprendió la visión¹ de otro
de los órganos principales. Antes de un año llegó al esqueleto,
a los párpados. El pelo innumerable fué tal vez la tarea más difícil. Soñó un hombre íntegro,° un mancebo, pero éste no se   *complete*
incorporaba ni hablaba ni podía abrir los ojos. Noche tras noche, el hombre lo soñaba dormido.
En las cosmogonías² gnósticas, los demiurgos³ amasan un
rojo Adán que no logra ponerse de pie; tan inhábil y rudo y
elemental como ese Adán de polvo era el Adán de sueño que
las noches del mago habían fabricado. Una tarde el hombre
120 casi destruye toda su obra, pero se arrepintió. (Más le hubiera valido destruirla.⁴) Agotados los votos a los númenes de la
tierra y del río, se arrojó a los pies de la efigie que tal vez era
un tigre y tal vez un potro, e imploró su desconocido socorro. Ese crepúsculo, soñó con la estatua. La soñó viva, trémula: no era un atroz bastardo de tigre y potro,° sino a la vez   *horse*
esas dos criaturas vehementes y también un toro, una rosa,
una tempestad. Ese múltiple dios le reveló que su nombre

---

1. set about to envision
2. theories of the origin of the universe
3. a Gnostic subordinate deity who is the creator of the material world
4. It would have been better to destroy it.

terrenal era Fuego, que en ese templo circular (y en otros
iguales) le habían rendido sacrificios y culto y que mágica-
mente animaría al fantasma soñado, de suerte que todas las 130
criaturas, excepto el Fuego mismo y el soñador, lo pensaran
flesh / bone   un hombre de carne° y hueso.° Le ordenó que una vez ins-
truído en los ritos, lo enviara al otro templo despedazado
cuyas pirámides persisten aguas abajo, para que alguna voz
lo glorificara en aquel edificio desierto. En el sueño del hombre que soñaba, el soñado se despertó.

El mago ejecutó esas órdenes. Consagró un plazo (que
finalmente abarcó dos años) a descubrirle los arcones del
it hurt him   universo y del culto del fuego. Intimamente, le dolía° apar-
tarse de él. Con el pretexto de la necesidad pedagógica, dila- 140
taba cada día las horas dedicadas al sueño. También rehizo el
shoulder / worried him   hombro° derecho, acaso deficiente. A veces, lo inquietaba°
una impresión de que ya todo eso había acontecido... En
general, sus días eran felices; al cerrar los ojos pensaba:
Ahora estaré con mi hijo. O, más raramente: El hijo que he
engendrado me espera y no existirá si no voy.

Gradualmente, lo fué acostumbrando a la realidad. Una
vez le ordenó que embanderara una cumbre lejana.[1] Al otro
día, flameaba la bandera en la cumbre. Ensayó otros experi-
mentos análogos, cada vez más audaces. Comprendió con 150
was ready   cierta amargura que su hijo estaba listo° para nacer, y tal vez
impaciente. Esa noche lo besó por primera vez y lo envió al
debris   otro templo cuyos despojos° blanquean río abajo, a muchas
leguas de inextricable selva y de ciénaga. Antes (para que no
supiera nunca que era un fantasma para que se creyera un
instilled in him   hombre como los otros) le infundió° el olvido total de sus
sueños de aprendizaje.

Su victoria y su paz quedaron empañadas de hastío.[2] En
los crepúsculos de la tarde y del alba, se prosternaba ante la
figura de piedra, tal vez imaginando que su hijo irreal ejecuta- 160
ba idénticos ritos, en otras ruinas circulares, aguas abajo; de
noche no soñaba o soñaba como lo hacen todos los hombres.
Percibía con cierta palidez los sonidos y formas del universo:
soul   el hijo ausente se nutría de esas disminuciones de su alma.°
El propósito de su vida estaba colmado; el hombre persistió
en una suerte de éxtasis. Al cabo de un tiempo que ciertos

---

1. that he place a flag on a distant summit.
2. tarnished by tedium.

narradores de su historia prefieren computar en años y otros
en lustros° lo despertaron dos remeros° a medianoche: no   *five years / rowers*
pudo ver sus caras, pero le hablaron de un hombre mágico en
170 un templo del Norte, capaz de hollar el fuego y de no que-
marse.¹ El mago recordó bruscamente las palabras del dios.
Recordó que de todas las criaturas que componen el orbe, el
fuego era la única que sabía que su hijo era un fantasma. Ese
recuerdo, apaciguador° al principio, acabo° por atormentarlo.   *appeasing / finished*
Temió que su hijo meditara en ese privilegio anormal y descu-
briera de algún modo su condición de mero simulacro. No
ser un hombre, ser la proyección del sueño de otro hombre
¡qué humillación incomparable, qué vértigo! A todo padre le
interesan los hijos que ha procreado (que ha permitido) en
180 una mera confusión o felicidad; es natural que el mago temie-
ra por el porvenir de aquel hijo, pensado entraña por entraña
y rasgo por rasgo,² en mil y una noches secretas.

El término de sus cavilaciones° fué brusco, pero lo pro-   *thoughts*
metieron algunos signos. Primero (al cabo de una larga
sequía°) una remota nube en un cerro, liviana como un pája-   *drought*
ro; luego, hacia el Sur, el cielo que tenía el color rosado de la
encía de los leopardos; luego las humaredas° que herrumbra-   *smoke*
ron° el metal de las noches; después la fuga° pánica de las   *corroded / flight*
bestias. Porque se repitió lo acontecido hace muchos siglos.
190 Las ruinas del santuario del dios del fuego fueron destruídas
por el fuego. En un alba° sin pájaros el mago vió cernirse°   *dawn / rise*
contra los muros el incendio° concéntrico. Por un instante,   *blaze*
pensó refugiarse en las aguas, pero luego comprendió que la
muerte venía a coronar su vejez y a absolverlo de sus traba-
jos. Caminó contra los jirones de fuego.° Éstos no mordie-   *shreds of fire*
ron su carne, éstos lo acariciaron y lo inundaron sin calor y
sin combustión. Con alivio, con humillación, con terror,
comprendió que él también era una apariencia, que otro
estaba soñándolo.

1. able to walk on fire and not burn himself.
2. organ by organ, feature by feature

EXPRESIONES

acabar por: terminar por

dejarse embaucar: permitir que alguien lo engañe a uno

entraña por entraña: un órgano a la vez; poco a poco

estar listo: estar preparado

flaqueza de la carne: debilidad

implorar socorro: pedir ayuda

noche tras noche: cada noche, una noche después de la otra

tener conciencia de: tener conocimiento exacto y reflexivo de algo

PREGUNTAS

1. ¿Quién llega al templo?
2. ¿Qué pasó con el templo? ¿Existe todavía?
3. Describa la forma del templo.
4. ¿Qué decide hacer el hombre en el templo?
5. Indique cuánto tiempo le demora el proyecto al hombre y cuál es el resultado.
6. ¿Qué le promete la efigie al hombre?
7. ¿Por qué es importante que la gente piense que el hombre soñado es un hombre de carne y hueso?
8. ¿Cuándo está listo para nacer el hombre soñado?
9. ¿Quiénes hablan una noche?
10. ¿Qué le dicen al hombre?
11. El mago sufre con la idea de que su hijo soñado pueda llegar a saber su verdadera condición. Explique en qué consiste esta paradoja.
12. ¿De qué se da cuenta el mago antes de morir?
13. Interprete la última frase: "Con alivio, con humillación, con terror, comprendió que él también era una apariencia, que otro estaba soñándolo." ¿Nos da esta frase la clave interpretativa del cuento?

PARA COMENTAR Y ESCRIBIR

1. El epígrafe de Lewis Carroll señala el momento en que le dicen a Alicia que el rey está soñando con ella y que si se despertara ella desaparecería. Relacione el epígrafe con el cuento de Borges.
2. Todas las religiones de la India y el budismo en particular enseñan que el mundo es ilusorio. Un juego o un sueño es, para el Mahayana, la vida del Buddha sobre la tierra, que es otro sueño. Relacione "Las ruinas circulares" con esta idea y también con otras filosofías o teologías que ofrecen una explicación del universo.

3. El ámbito temporal del cuento es la noche. ¿Cree usted que el cuento de Borges es como un sueño? ¿Tiene la estructura del sueño?

4. Relacione el sueño del mago con el tema de la creación literaria. ¿Qué tienen en común?

5. ¿Cómo crea el cuento dudas acerca de la naturaleza real o fantástica de la realidad?

6. En el cuento no hay nombres ni de lugares ni de gente. Los personajes son el hombre y el mago o el creador. Tampoco hay diálogo ni acción. ¿Por qué? ¿Cree usted que por su lenguage "Las ruinas circulares" podría caracterizarse como un poema en prosa más que como un cuento?

7. ¿Cree usted que la existencia de dos soñadores muestra la posibilidad de una serie infinita de soñadores?

8. Señale algunas características del estilo de Jorge Luis Borges. Ejemplo: el uso particular de los adjetivos: "unánime noche," "infinitas aldeas," etc. ¿En qué reside su originalidad? ¿Qué otras características puede usted indicar?

9. ¿Cree usted que este cuento refleja la realidad latinoamericana, que refleja una realidad más universal, o que no refleja realidad alguna? Explique su respuesta.

Glosario de términos literarios

acción: sucesos o acontecimientos arreglados en sucesión temporal y enlazados entre sí de modo que constituyen un solo conjunto.

alegoría: serie de imágenes poéticas que se repiten para lograr una correspondencia entre elementos reales o imaginativos. El sentido aparente o literal se borra y da lugar a otro simbólico.

ambiente: lugar, tiempo, atmósfera donde los personajes existen y realizan sus acciones en una obra literaria.

analogía: relación de semejanza entre dos cosas distintas.

argumento: narración de los acontecimientos de acuerdo al orden en que ocurren.

arquetipo: personaje representativo de un grupo o de una idea.

atmósfera: sensación o estado emocional que surge en el relato. Puede ser de misterio, de angustia, de violen-cia, fantástico, etc.

caricatura: retrato o bosquejo satírico o exagerado de una persona, que puede ser literario o pictórico.

clímax: el punto culminante de una obra, el momento de mayor tensión.

cuento: narrativa de ficción caracterizada por su brevedad. Comparte características de la novela tales como la caracterización, el argumento y el punto de vista narrativo.

descripción: se utiliza para crear el marco escénico de una obra: el tiempo y el lugar donde transcurre la narración.

desenlace: resuelve el conflicto planteado en una obra.

epílogo: conclusión de una obra que sirve para completar el argumento o dar información sobre acciones futuras.

estilo: forma particular de escritura de una autor o autora. Ayuda a caracterizar o distinguir a un escri-tor de otros y a diferenciar entre diversas etapas en la obra de un mismo autor.

estructura: plan o armazón de una obra literaria que sirve para ordenar la unidad narrativa que generalmente se compone de introducción, desarrollo y desenlace.

expresionismo: movimiento artístico y literario nacido en Alemania alrededor de 1910. Presenta acontecimientos y objetos según los percibe el (la) autor(a) o el personaje de acuerdo a sus sentimientos y emociones.

flashback: acontecimientos que preceden la narración y que interrumpen la secuencia narrativa cronológica.

fluir de la conciencia: libre asociación de los pensamientos y sentimientos de un personaje sin respetar un orden lógico, gramatical o narrativo.

fondo: el asunto, el tema, el mensaje, el contenido, los sentimientos y pensamientos expresados en una obra. Representa la estructura interna.

forma: manera de combinar los diferentes elementos de una obra literaria. Representa la estructura externa.

hipérbole: exageración o disminución de cualidades para hacer que resalten, ej.: "el ahogado más hermoso del mundo."

idealismo: corriente del pensamiento que subraya la importancia de lo imaginativo, lo espiritual y lo intelectual: es antitética al materialismo.

imagen: representación de un objeto o una experiencia sensorial con detalles fieles y evocativos.

indianismo: tendencia que forma parte del romanticismo hispanoamericano en la que se idealiza al indígena y se lo presenta como figura exótica y decorativa.

indigenismo: tendencia que dentro del realismo hispanoamericano describe al indígena como una persona de carne y hueso a la vez que denuncia el estado de opresión en que se encuentra.

ironía: figura que consiste en expresar una idea de tal forma que, por el tono, sugiere o da a entender otra contraria.

leitmotiv: repetición de una palabra, frase, situa-

ción o idea que se convierte en el tema dominante de una obra.

metáfora: tropo a través del cual se identifican o comparan objetos diferentes. Reemplaza el significado de una palabra con otro significado figurado.

mímesis: representación o imitación de una persona, un objeto, el ambiente, etc.

monólogo interior: técnica literaria que se utiliza para presentar el fluir de la conciencia.

narrador: personaje de ficción inventado por una autora o un autor para contar la historia.

narrador omnisciente: narrador de un cuento que sabe todo lo que piensan y hacen sus personajes.

nihilismo: alude a una forma extremada de escepticismo o pesimismo.

paradoja: empleo de frases o expresiones contradictorias que alteran la lógica de la expresión al aproximar dos ideas opuestas y aparentemente irreconciliables.

parodia: imitación burlesca de una obra seria.

personajes: seres creados por una autora o un autor que habitan el mundo de la narración.

personificación: atribución de cualidades o actos

propios de las personas a otros seres u objetos.

punto de vista: perspectiva de un(a) autor(a) o de un personaje.

símil: relación explícita de una cosa con otra para dar una idea más viva de una de ellas.

surrealismo: movimiento literario y artístico que surgió en Francia durante la segunda década del siglo XX. Los surrealistas propusieron un arte capaz de reflejar la realidad del subconsciente y los aspectos irracionales de la existencia.

tema: la significación de lo que pasa en una obra literaria, la idea central o el mensaje del texto.

tono: actitud de un(a) autor(a) hacia la materia tratada en el texto literario.

trama: desarrollo de la acción ordenándola en relación de causa a efecto.

tropos: uso de palabras o imágenes en sentido figurado.

vanguardismo: Concepto que en literatura se aplica a los movimientos surgidos alrededor de la primera guerra mundial que experimentaron con nuevas técnicas y temas para renovar la expresión literaria.

Vocabulario

This vocabulary includes translations of words and of some of the most common idioms found in these stories. Not included are easily recognizable cognates, adverbs ending in -*mente* when the corresponding adjective appears, some common diminutives, augmentatives, and superlatives, and past participles of the listed infinitives. The gender of nouns is indicated in some cases to avoid confusion. Since the vocabulary list is not complete, students should use a Spanish–English dictionary to supplement their understanding of words.

a la deriva: adrift
a medida que: while
a menudo: often
a raíz de: because
a tiempo: on time
a tientas: groping in the dark
a través: through
abedul: (*m*) birch tree
aberración: (*f*) aberration
abombado: sagging
abrochar: to fasten
absorto: absorbed
acabar (por): to finish (by)
acariciar: to caress
acaso: perhaps
acera: sidewalk
acicalado: dressed up
aclamar: to praise
aclarar: to lighten
acoplarse: to join
acta: certificate
acudir: to go
adelfa: rosebay
ademán: (*m*) gesture
adivinar: to guess
adorar: to worship
afecto: affection

afilado: sharp
afinar: to tune
agarrar: to grasp
agonizar: to be dying
agotar: to exhaust
agraciado: favored, graceful
agrietarse: to become wrinkled
aguantar: to stand
aguante: (*m*) stamina
aguardiente: (*m*) brandy
aguas arriba: upstream
ahogado: drowned man
ahorros: savings
al azar: at random
ala: wing
alargar: to extend
alarido: scream, howl
albañilería: masonry
alberca: pool, lake
alboroto: fuss, uproar
alcahuete: (*m*) informer
alcalde: (*m*) mayor
alcanzar: to reach
aldea: village
alejado: far, removed
aletazo: quiver

alfombra: carpet
alhaja: jewel
aliento: breath
alisar(se): to make smooth
alivio: alleviation
alma: soul
almendrado: almond-shaped
almohadón: (*m*) cushion
alquilar: to rent
alquitrán: (*m*) tar, pitch
alterado: disturbed
altivez: (*f*) pride
amanecer: (*m*) dawn
amargo: bitter
amargura: bitterness
amarrado: tied
amenazar: to threaten
amonedar: to coin
amontonar: to pile up
amparo: shelter
ancla: anchor
andanada: tirade
andanzas: adventures
anegado: flooded
angarilla: stretcher
ángulo: angle

animar: to animate
anonadar: to overwhelm
antifaz: *(m)* mask
antipático: disagreeable
antorcha: torch
añorar: to long for
apaciguar: to pacify
apariencia: appearance
apartar: to push aside
apenas si: barely
apendejarse: to chicken out
apestar: to stink
apestoso: stinking
aplastar: to crush
apolítico: apolitical
aportar: to bring
apostar: to bet
apresurarse: to hurry up, hasten
apuntar: to aim
apurarse: to hurry up
arboladura: rigging
arcabuz: *(m)* crossbow
arcón: *(m)* large chest
arma: weapon
armado: armed, put together, endowed
armazón: *(f)* frame
arnés: *(m)* harness
arrancar: pull off
arrastrar(se): to drag (oneself)
arrebatar: to snatch
arreciar: to hasten
arrellanarse: to sit at ease
arriar: to drive
arriero: mule driver
arriesgar: to venture
arrugado: wrinkled
arruinar: to ruin
arrumacos: affection
arteramente: artfully
arteria pulmonar: pulmonary artery
artesonado: panel
asegurar: to fasten
aserrín: *(m)* sawdust
asomar: to appear

aspa: wing of a windmill
aspavientos: *(m)* fuss
áspero: harsh
asqueroso: disgusting
asta: pole
asueto: holiday
asunto: matter
atado: fastened
atardecer: *(m)* dusk
atenazar: to torture
atento: kind
atesorar: to treasure
atorrante: vagabond
atracar: to moor
atreverse: to dare
atroz: atrocious
aturdido: confused
aumentar: to increase, heighten
ausencia: absence
aventar: to winnow
avergonzado: ashamed
averiguar: to find out
ave: *(f)* bird
avisaje: *(m)* publicity
aviso: sign
avituallamiento: supplies
azafata: stewardess
bagazo: bagasse (dry sugarcane pulp)
bahut: *(m)* cupboard
bailarín(a): dancer
balbuceo: babble
baldado: disabled
baldear: to wash
balear: to shoot
ballena: whale
bandeja: tray
bandera: flag
banqueta: sidewalk
baranda: railing
barbotear: to mumble
barriada: slum, shantytown
bastardo: mongrel
bastidor: *(m)* frame
bastón: *(m)* cane
bata: bathrobe, robe
batir: to flap

baúl: *(m)* trunk
bendito: blessed
berrear: to bellow
berrido: bellowing
beso: kiss
bigotazo: large moustache
bisabuelos: great grandparents
bizco: cross-eyed
blandir: to brandish
bocado: bite, morsel
bochorno: scorching heat
boda: wedding
bofetón: *(m)* slap
bombachas: trousers
bombardeo: bombing
bombilla: bulb
bombón: *(m)* chocolate candy
borboteo: gushing
borracho: drunk
borrador: *(m)* rough draft
borrar: to erase
bostezo: yawn
botar: to throw out
botavara: boom (nautical term)
botín: *(m)* booty
botiquín: *(m)* medicine chest
braqueta: fly (of trousers)
bramante: *(m)* linen
bravo: fierce
brotar: to flow, spurt
brujería: witchcraft
brusco: sudden
buey de mar: *(m)* sea calf
bullicio: noise, uproar
bulto: sack
buque mercante: *(m)* merchant ship
butaca: armchair
buzo: diver
cabalgar: to ride
cabecera: head
cabecilla: *(m)* ringleader
cacerola: pot
cadáver: *(m)* corpse

cadera: hip
calar: to see through
calato: very poor person
calcetín: *(m)* sock
calentar: to heat
calzar: to fit
cambiar: to change
camisa de fuerza: straitjacket
camisón: *(m)* nightgown
campesino: peasant
canallada: villainy
candelabro: candlestick
cangreja: gaff sail
canoa: canoe
cansino: tedious
canturrear: to hum
capaz: capable
capullo: bud
caracolear: to wind down
caracoleo: winding
carcajada: laughter
cárcel: *(f)* jail
cargar: to charge
cariño: fondness
cariñoso: affectionate
carne: *(f)* meat, flesh
carraspear: to clear one's
throat
cartulina: bristol board
casa de tablas: wooden
shack
casamiento: marriage
casarse: to get married
casco: bottle
caserío: settlement
castaño: chestnut
castigar: to punish
catadura: look
catarro: cold, catarrh
catorcena: fourteenth
catre: *(m)* cot, small bed
cauteloso: cunning
caza: hunt
ceder: to yield
ceja: eyebrow
ceniciento: ash-colored
ceniza: ash

ceño: frown
centelleante: sparkling
centro: center, downtown
cerca: close
cerdas de jabalí: wild
boar's bristles
cerradura: lock
cerrar: to close
certeza: certainty
césped: lawn
cetrino: sallow
chacra: farm
chaleco: vest
charco: pool
charol: *(m)* patent leather
charola: tray
chícharos: peas
chino: hair
chirriar: to squeak
chisme: gossip
chocho: senile
chueco: bowlegged
chupar: to suck
cicatrizar: to heal
cicuta: hemlock
ciego: blind
cielo: sky
ciénaga: marsh
cinturón de suela: *(m)*
belt of heavy, stiff leather
clandestinidad: *(f)* under-
ground
claraboya: skylight
claritico *(diminutive)*:
very clear
clavar: to stab
clavel: *(m)* carnation
clavo: nail; *fig.*, bother,
nuisance
clueca: brooding
cobija: blanket
cochino: dirty
cojear: to limp
cola: line
colarse: to steal in line
colgarse (en un examen):
to flunk
colina: hill

colmado: nourished, filled
comecandela: *(m)* fire-eater
comedido: polite
comilona: feast
comisaría: police headquarters
compasivo: compassionate
compuerta: floodgate
comunista: *(m/f)* commu-
nist
con celeridad: quickly
concienzudamente:
thoroughly
cónclave: *(m)* meeting
condiscípulo: companion,
classmate
conducir: to lead
confiar: to confide
confitería: tea and pastry
shop
confitura: jam
congelador: *(m)* freezer
conminar: to threaten
conseguir: to get, obtain
consejo: advise
conserva: preserve
contrabandista:
(m/f) smuggler
coraza: armor
corazón: *(m)* heart
corbata: necktie
corcho: cork
coronar: to crown
correcto: well-mannered
corretear: to race
corrida de toros: bullfight
corsario: pirate
cortadera: bramble
corvina: kind of fish
cosechar: to harvest
coser: to sew
costalazo: blow to the body
cotejar: to compare
cráneo: skull
crepúsculo: dusk
crespo: curly
criada: servant
criar: to raise

crispado: stiffened
critiqueces: (*f*) excuses
crudo: raw
cuaderna maestra: midship frame
cuadra: city block
cuadrilátero: four-sided
cuadrilla: crew
cubiertos: cutlery
cuello: neck
cuerno: horn
cuero cabelludo: scalp
culpa: blame, guilt
culpar: to blame
cumbre: (*f*) summit
cuneta: road drain, gutter
cuquita: cute
cura: (*m*) priest
cursi: kitsch
daño: damage
dar abasto: to keep up
dar palmadas: to pat
dar un portazo: to slam the door
dato: fact
de golpe: suddenly
de paporreta: by heart (Peru)
débil: feeble
dédalo: labyrinth
delatar: to denounce
deliberadamente: deliberately
delito: misdemeanor
dentífrico: toothpaste
derecho: right
derrochar: to squander
derroche: (*m*) waste
desacostumbrado: unaccustomed
desalmado: shameless, cruel
desalojar: to evict
desarmador: (*m*) hammer of a gun
desbaratar: to wreck
descalabrarse: to split or wound one's head

descalzo: barefooted
descascarado: chipped, peeled
descender: to descend
desdicha: misfortune
desembarcar: to disembark
desencadenar: to unleash
desfundado: uncovered
desgracia: misfortune
desgraciado: miserable
deshacer: to undo
deshauciado: without hope
deslavado: faded
deslizarse: to slide
desmayarse: to faint, to pass out
desnudo: naked
despavorido: scared, terrified
despeinar: disarrange the hair
desplomarse: to collapse
despojos: debris, remains
despotricar: to rant
desprenderse: to break away
desprevenido: by surprise
destacarse: to stand out
destartalado: worn out
desteñirse: to fade away
destruir: to destroy
desvalido: helpless
desviar: to mislead
dialéctica: dialectic
dichoso: happy
difunto: deceased
digno: worthy
dilacerar: to lacerate
dirigir: to direct
díscolo: unruly
disfrazado: disguised
disgregado: dispersed
disparo: shot
divisar: to perceive
doler: to hurt
dolor: (*m*) pain
doncella: maiden
duelo: mourning
echar abajo: to knock down
eco: echo

efigie: (*f*) effigy
elucubrar: to imagine
embaucar: to deceive
embelequería: fraud
embestir: to attack
embolsar: to bag
embrión: (*m*) embryo
empacar: to pack
emparejar: to level
empeño: effort
empeorar: to make worse
emperifollarse: to dress up
empuñar: to grasp, grip, hold on to
en broma: jokingly
enamorado: in love
enarbolar: to hoist
encadenar: to chain
encantar: to charm
encaramarse: to climb on
encarar: to face
encender: to light up
encerrado: locked up
enchapopotado: cloudy
encías: gums
encorvado: bent
encorvar: to curve
encrespar: to make rough
endeble: frail
endemoniado: devilish, wicked
enfardar: to bale (hay)
engañar: to deceive
engarrotado: numbed
engendrar: to engender
enjambre: (*m*) swarm
enjuagar: to rinse
enojado: angry
enredado: entangled
enrulado: curly
ensangrentado: bloodstained
ensillar: to saddle
entendimiento: understanding
enterarse: to find out
enterrar: to bury

entierro: burial
entornado: ajar
entraña: organ
entre dientes: mumbling
envolver: to wrap
escalofrío: chill
escarlatina: scarlet fever
escarmiento: lesson, warning
escarnio: scoffing
escarpín: *(m)* slipper
escatimar: to curtail
escombros: rubble
escondido: hidden
escoria: waste
escozor: *(m)* smarting
escrúpulo: qualm
escuchar: to listen
esmirriado: very thin
espalda: back (part of body)
espantado: frightened, scared
espantar: to terrorize
esparcir(se): to amuse oneself
espiar: to spy
espinel: *(m)* fishing line
espuela: spur
espumoso: fluffy; foamy
esquivar: to avoid
esquivo: evading
estafa: swindle
estallido: outburst
estampida: stampede
estanciero: rancher
estante: *(m)* shelf
estar listo: to be ready
estorbar: to be in the way
estrado: platform
estrecho: narrow
estrellarse: to crash
estremecimiento: shudder
estribo: gear
estuche: *(m)* case
evidencia: evidence
evitar: to avoid
excusado: toilet

expósito: foundling
éxtasis: *(m)* ecstasy
extenuado: exhausted
extenuarse: to exhaust oneself
extraviado: lost
extremaunción: *(f)* extreme unction (Roman Catholic sacrament)
facciones: features
factible: feasible
faena: chore, task
faldero: lap
faltar: to be absent
fallar: to lack, miss
fallecimiento: death
fallo: fault
fango: mud
fantasma: *(m)* ghost
farol: *(m)* lantern
fastidiado: vexed
febril: feverish
fecha: date
feliz: happy
férreo: stern
ferretería: hardware
fétido: stinking, fetid
fiambre: *(m)* cold cut; dead man
fila: line
filo: edge
fino: refined
finca: ranch
flamboyán: *(m)* flame tree
flanco: side
flaqueza: weakness
fluvial: of or from a river
fogón: charcoal pit
fondear: to sink
fondo: back, depth
forastero: stranger
fortaleza: strength
fracaso: failure
franquear: to go beyond
frasco: flask, bottle
fregadero: sink
fregar: to scrub

fregona: kitchen maid
fresco: fresh
frigorífico: packing plant
frotar: to rub
fuego: fire
fuga: flight
fugaz: fleeting
fulgor: lightning
fumar: to smoke
galardón: *(m)* prize
galpón: *(m)* shed
gallera: cockfighting pit
gallinazo: turkey buzzard
gangrena: gangrene
garrapata: tick (insect)
gatear: to creep, crawl
gatillar: to cock
gaveta: drawer
gemir: to moan
gente: *(f)* crowd
gesto: gesture
golpe: *(m)* punch
gota: drop
gradas: benches (amphitheater)
granada: grenade
granjear: to win
grieta: vein
grueso: thick
gruñido: grunt
guacamaya: macaw
guajiro: peasant
guanajo: fool, turkey
guarda: border
guarecer: to shelter
guarida: shelter
guerra: war
guiar: to guide
guiñapo: rag
guiñar: to wink
gusano: worm
gusto: taste
habitué: fan
hacerse: to become
hallar: to find
harapos: rags
hedor: *(m)* smell

helado: ice cream
herida: wound
herrumbrar: to corrode
herrumbroso: rusty
hervir: to boil
hierba salvaje: weeds
hierro: iron
hilera: row
hojalata: tin
hollar: to tread upon
hollín: *(m)* soot
hombro: shoulder
horario: schedule
hospedarse: to lodge
hospicio: poorhouse
hostia: host
hostigado: harassed
hueco: hollow
hueso: bone
huésped: guest
huevo: egg
huir: to escape, flee
hule: rubber
humareda: smoke
humectante: moisturizing
humo: smoke
humor: temper
huraño: unsociable
ilusión: *(f)* hope, illusion
imantado: magnetized
impávido: dauntless
impoluto: spotless
impureza: impurity
incauto: heedless
incendio: blaze, fire
índice: *(m)* index
indicio: sign
indizuela: Indian brat
infranqueable: insurmountable
infundir: to instill
ingrato: unpleasant
inhábil: unskillful
injusto: unfair
inmiscuirse: to get involved
inmueble: *(m)* real estate
inodoro: toilet

insufrible: unbearable
íntegro: complete
intercalado: in between
internado: boarding school
inundar: to flood
irrumpir: to burst into
izquierdo: left
jabón: *(m)* soap
jadeante: panting
jalar: to draw; to pull
jalón: *(m)* step
jamás: never
jaqueca: migraine
jinete: *(m)* horseman, rider
jirón: *(m)* shred
jornada: day
júbilo: joy
juicioso: sensible
juntar: to gather
jurar: to swear
jurídico: legal
juventud: *(f)* youth
labrador: *(m)* peasant
lacio: straight
ladeado: tilted to one side
ladearse: to tilt
ladrido: bark
lágrima: tear
lástima: pity
lastimar: to hurt
lata: can
latir: to beat; *(m)* yelping
leal: loyal
leche: *(f)* milk
lecho (nupcial): (nuptial) bed
legua: league *(measurement)*
lejos: far
lema: motto
leontina: watch chain
letra: handwriting
leve: light
licenciar: to dismiss
lícito: licit, legal
lienzo: linen
ligereza: lightness
limosna: charity
lío: mess, imbroglio

lisiado: crippled, handicapped
listo: ready
lodo: mud
lograr: to achieve
loza: china
lozano: exuberant, fresh
luchar: to struggle
lustrar: to polish
lustro: five years
luto: mourning
llaga: sore, blister
llanto: weeping
machacar: to hammer; to repeat
machorra: barren
madera: wood
madrastra: stepmother
madrina: godmother
madrugada: dawn
majá: *(m)* snake
malagradecido: ungrateful
maldad: *(f)* malice
maldecir: to curse
maldito: wicked, cursed
maleta: suitcase
maletín: *(m)* small piece of luggage
malograr: to ruin
maltrecho: battered
mampara: screen
manatial: spring
manco: missing a hand
manchado: spotted
maniático: maniac
manifestación: demonstration
manigua: jungle
manto: cloak
mañas: tricks
maquinar: to plot
maravillar: to astound
mareado: dizzy
marear: to make dizzy
mareo: drowsiness
marrón: brown
martirologio: martyrdom
máscara: mask

mata: plant
matanza: killing
matar: to kill
mate: (*m*) Argentinian herbal tea
materia: matter
matiz: (*m*) nuance
matorral: (*m*) thicket
maullar: to mew
mayordomo: butler
mayores: (*m*) elders
mecedora: rockingchair
mecha: lock of hair
mechero: oil lamp
medianoche: (*f*) midnight
medio lado: sideways
mejilla: cheek
melindroso: finicky
mentecato: fool
mentón: (*m*) chin
menudo: small
merecer: to deserve, merit
mesón: inn
mezquino: stingy, petty
mico: monkey
mientras: while
mimar: to spoil
mimbre: (*m*) wicker
minucioso: minute
mocoso: child, brat
mojar: to wet something
monedero: purse
monja: nun
montar: to mount, ride horseback
morder: to bite
morral: (*m*) saddlebag
mosquitero: mosquito net
mostrador: (*m*) counter
movedizo: shifting
muchedumbre: (*f*) crowd
muégano: caramel
mugre: (*f*) filth
muladar: (*m*) rubbish heap
mulita de pisco: alcoholic drink
munición: (*f*) ammunition
musitar: to mutter

nacer: to be born
nalga: buttock
naufragio: shipwreck
negarse: to refuse
niebla: fog
noqueado: knocked out
noticias: news
novio: fiancé
nuca: nape of neck
ñángara: ungrateful
oculto: hidden
odiar: to hate
ojal: (*m*) buttonhole
ojo: eye
oler: to smell
olivo: olive tree
olvidar: to forget
orate: (*m*) lunatic
ordeñado: milked
órgano principal: main organ
orgullo: pride
orilla: shore
oro: gold
orondo: pompous
ovario: ovary
pábulo: sustenance
padecer: to suffer
padrastro: stepfather
paladín: (*m*) knight
palanca: lever; *fig. pl.,* connections
palear: to shovel
palomar: (*m*) dovecot
palomilla: gang
palomitas: popcorn
palpar: to touch
pandilla: gang
pánico: panic
pantalones: (*m*) trousers, pants
pantallazo: screening
pantufla: slipper
panza: belly
pañal: diaper
paño: cloth
pañuelo: handkerchief
papalote: (*m*) kite

papel: (*m*) paper; role
papel de envoltura: (*m*) wrapping paper
parar: to stop
parientes: (*m*) relatives
parloteo: chatter
parpadear: to blink
párpado: eyelid
parranda: carousing party
párroco: parson
parroquiano: customer
partida: departure
partida de nacimiento: birth certificate
pasarlo bien: to have a good time
patada: kick
patiflaco: skinny legged
patilla: temple (of eyeglasses)
patín: (*m*) skate
patoja: clinging girl
patraña: humbug, fib
patrullar: to patrol
pecador: (*m*) sinner
pecho: chest, breast
pecoso: freckled
pedazo: piece
pedo: fart
pedrada: flung stone
pegajoso: sticky
pegar(se): to stick (oneself)
pelear: to fight
peligroso: dangerous
pelirrojo: red-haired
pelo: hair
pelotón (del ejército): (*m*) platoon
pellizco: pinch
pender: to hang
penetrante: piercing
percance: (*m*) misfortune
perjudicado: injured
permanecer: to remain
persiana: shutter
personaje: (*m*) character
pesadilla: nightmare
pesado: heavy

pescar: to fish, catch
pésimo: very bad
peso: weight
pesos: money
pestillo: door latch
petiso: short person
picadillo: minced meat
picotear: to peck
picudo: pointed
pierna: leg
pila: battery
piltrafa: shred
piolín: string
piropear: to compliment
pisar: to step on
pisotear: to tread on
placard: *(m)* closet
planchada: gangplank
planchadora: ironing
   woman
platica: money
platicar: to talk
platico: small dish
plegaria: supplication
pleito: bickering
plomizo: leaden
plumero: duster
poderoso: powerful
polizonte: *(m)* stowaway
pólvora: gunpowder
pomo: bottle
pómulo: cheekbone
por su cuenta: by itself
porfiado: stubborn
porquería: filth
portamonedas: *(m)* purse
porte: *(m)* bearing
porvenir: *(m)* future
posada: inn, lodging
postigo: shutter
potranca: filly
potro: horse
precipicio: abyss
predecir: to predict
pregonar: to proclaim
prenda: pawn
prender: to light up
prenderse: to seize

prestar atención: to pay
   attention
procrear: to procreate
procurar: to strive
prohibido: forbidden
prolijo: overly careful
promontorio: large bulk
propio: own
puchero: pout
pudor: modesty
pudrirse: to rot
pujo: push
pulcritud: *(f)* neatness
pulmón: *(m)* lung
pulsera de orientación:
   wrist compass
puñal: *(m)* knife
puño: fist
puntada: stitch
quebradizo: brittle
quehacer: chore, house-
   work
quejarse: to complain
quejido: moan
quién es quién: who is
   who
quitarse: to take off, get
   rid of
rabo: tail
racha: snatch
racionamiento: rationing
radioescucha: *(m/f)* radio
   listener
radioteatro: radio soap
   operas
raído: worn out
ranchera: Mexican folk
   song
rango: rank
rapto: abduction
rascarse: to scratch
rasgado: torn
rasgar: to tear
rasgo: feature
raspar: to scrape
rastro: trace
ratón: *(m)* mouse
razonable: reasonable

receta: recipe
rechazar: to refuse
recinto: enclosure
reclamo: demand
recobrarse: to recover
recostarse: to lean back
redimir: to redeem
refrigeración: *(f)* air
   conditioning
regalo: gift
regateo: haggling
relámpago: lightning
reliquia de pacotilla:
   cheap relic
relleno: filling
remero: rower
remolino: whirlpool
rencor: *(m)* hatred
renegar: to complain
renguear: to limp
renombre: *(m)* renown
reo: accused
reparar: to take notice
repasador: *(m)* dishtowel
repechar: to go up
reponer(se): to replenish
   (oneself)
reposado: quiet
reprimir: to repress
repudiar: to reject
repuesto: spare part
requilorio: useless ceremony
resaca: hangover
resbalar: to slip
respaldo: *(m)* back of seat
respirar: to breathe
resplandor: *(m)* glow
restregar(se): to rub
retomar: to take back
retorcer: to twist
retorcerse: to writhe
retumbar: *(m)* loud noise
reventarle a uno: to hate
   someone
revolotear: to fly around
revuelo: swirl
rezongar: to grumble
ricachón: *(m)* rich

rincón: *(m)* corner
risa: laughter
rocalloso: rocklike
rodal: *(m)* patch
rodilla: knee
ropero: closet
rosario: rosary
rozar: to graze
rumbo: way
rumiar: to chomp
sábalo: kind of fish
sábana: sheet
sabiduría: wisdom
saborear: to taste
sacudir el polvo: to dust
sal: *(f)* salt
salpicar: to splash
saltar: to jump
salvo: unless
santera: woman who practices witchcraft
santo y seña: password
santuario: sanctuary
sarnoso: scabby
satisfecho: satisfied
secadorpistola: *(m)* blow dryer
secar(se): to dry
segado: cut
sellado: sealed
selva: jungle
semblante: *(m)* appearance
sembrar: to sow
sencillo: simple
sendero: path
seno: breast
sentimiento: feeling
señuelo: lure, enticement
sepultar: to conceal, bury
sequía: drought
simpatía: friendship
simulacro: appearance
sinvergüenza: scoundrel
sobra: surplus
sobrante: remaining
sobre: *(m)* envelope
sobrellevar: to tolerate
sobreponerse: to overcome

sobrevivir: to survive
solapar: to conceal
soltar: to let loose, release
solterona: spinster
sollozar: to sob
sollozo: sob
sombra: shadow
somero: brief
sonar: to sound
sonrojar: to blush
soponcio: fainting spell
sopor: *(m)* stupor
soportar: to endure
sordo: deaf
sortear: to shun
sorteo: drawing
sostener: to support
sotana: cassock
suave: soft
suceder: to happen
sudar: to sweat
sudario: shroud
sufrir: to suffer
sujetar: to tie up
sumirse: to sink
superar: to overcome
superstición: superstition
suplicante: begging
suscrito: undersigned
suspiro: sigh
taciturno: silent
tacu tacu: refried beans and rice (Peru)
tal: such
talle: *(m)* waist
taller: *(m)* workshop
tamaño: size
tambalearse: to stagger
tambo: dairy
tanda: series
tantear: to feel
tantero: farmworker
tapado: hidden
tapón: *(m)* plug
tarea: task
tartamudo: stutterer
tayacán: *(m)* attendant
techo: roof

tejer: to weave
tenaz: tenacious
tender(se): to stretch out
tercio: third
tersura: smoothness
tiburón: *(m)* shark
tierno: tender
tierra: ground
tierra caliente: hot country
tierrafriano: man from colder lands
tieso: stiff
tigre: *(m)* tiger
tímpano: eardrum
tinte (de pelo): *(m)* (hair) dye
tipo: guy
tiro: shot
titiritero: puppeteer
toalla: towel
tobillo: ankle
tocar: to touch
tocino: bacon
tomar partido: to take sides
tonto: silly
torcer: to twist
toro: bull
torpeza: clumsiness
tragar: to swallow
tramposo: tricky
trancado: barred
trancarse: to lock oneself in
trapo: cloth, rag
trasmundo: afterworld
trastabillado: reeled
traste: dish
trebejos: trash
trecho: length
tremebundo: dreadful
tremendo: terrible
trémulo: tremulous
trenza: braid
trepar: to climb
trinquete: *(m)* foremast
triste: sad
tronar: to thunder
tropel: *(m)* huddle, herd
tropezar: to stumble (upon)

tropiezo: obstacle
trozar: to divide
trunco: incomplete
tuétano: bone marrow
tufo: strong smell
tul: *(m)* tulle
tumbar: to knock down
turbar: to disturb
unánime: unanimous
urgirle a uno: to be eager
vacilar: to hesitate
vacío: void
vagar: to wander
vajilla: table service
valor: *(m)* courage, strength
vano: vain

vara: stick
varado: standing
vela: candle
velear: to sail
velón: *(m)* candle
velorio: wake
vellonería: pubic hair
venadear: to capture
veneno: poison
vengarse: to take revenge
verdugo: executioner
vergüenza: shame
verídico: authentic
verja: iron fence
vespertina: late show
víbora: snake

vientre: *(m)* belly
violar: to rape
virar(se): to turn
víspera: day before
vitalicio: for life
volverse: to become
yema: fingertip
yerno: son-in-law
yunticas: cuff links
zafar: to loosen
zamparse: to go without being invited
zanco: stride
zurcir: to mend

The Editors

Flora Schiminovich was born in Argentina and is now a citizen of the United States. She is the author of *Macedonio Fernández: una lectura surrealista* (Madrid: Pliegos, 1986) and of numerous articles about female writers and poets, politics, cinema, fantastic and detective fiction in Latin America. Her more recent contributions include studies for the collection *Gender and Genre. Redefining Women's Autobiographies* (Garland Press, 1991), *Tradition and Innovation in Contemporary Latin American Jewish Literature* (SUNY Press, 1993), and *En un acto* (Colombia, 1994). She is on the editorial board of *Inti* and *Revista Hispánica Moderna*. She has lectured extensively throughout the United States, Latin America, and Europe.

Ilán Stavans is a Mexican novelist and critic. His books include *Talía y el cielo* (Plaza & Valdés, 1989), which won the 1992 Latino Literature Prize; *La pianista manca* (Alfadil, 1992), awarded the Gamma Prize; *Imagining Columbus: The Literary Voyage* (Twayne, 1993); and two anthologies: *Growing Up Latino: Memoirs and Stories* (Houghton Mifflin, 1993) and *Tropical Synagogues* (Holmes & Mayer, 1994). He teaches at Amherst College.

Credits